北京市社会科学基金项目

中共北京市委教育工作委员会2021年北京高校思想政治工作研究课题重点项目

新时代高职院校培育

研究与实践

张启鸿　袁　方　吴　欣　李春竹
陈　思　王　丽　孙　玲　彭　松　◎著

首都经济贸易大学出版社

Capital University of Economics and Business Press

·北京·

图书在版编目（CIP）数据

新时代高职院校培育工匠精神研究与实践 /张启鸿等著.
--北京：首都经济贸易大学出版社，2024.8

ISBN 978-7-5638-3648-2

Ⅰ.①新… Ⅱ.①张… Ⅲ.①高等职业教育-思想政治
教育-研究-中国 Ⅳ.①G711

中国国家版本馆 CIP 数据核字（2023）第 254243 号

新时代高职院校培育工匠精神研究与实践
张启鸿　袁　方　等著

责任编辑	晓　地
封面设计	砚祥志远·激光照排　TEL: 010-65976003
出版发行	首都经济贸易大学出版社
地　　址	北京市朝阳区红庙（邮编 100026）
电　　话	（010）65976483　65065761　65071505（传真）
网　　址	http://www.sjmcb.com
E- mail	publish@cueb.edu.cn
经　　销	全国新华书店
照　　排	北京砚祥志远激光照排技术有限公司
印　　刷	北京九州迅驰传媒文化有限公司
成品尺寸	170 毫米×240 毫米　1/16
字　　数	313 千字
印　　张	19.75
版　　次	2024 年 8 月第 1 版　2024 年 8 月第 1 次印刷
书　　号	ISBN 978-7-5638-3648-2
定　　价	81.00 元

序　言

党建引领　专业赋能
开创新时代工匠精神培育新路径

习近平总书记在不同场合对传承和弘扬工匠精神多次进行强调，指出在长期实践中我们培育形成了执着专注、精益求精、一丝不苟、追求卓越的工匠精神。工匠精神，本意是指手艺工人对产品精雕细琢、追求极致的理念，即对生产的每道工序和产品的每个细节都精益求精，力求完美。在当代经济发展语境之下，工匠精神是勤学苦练、深入钻研，是勇于创新、敢为人先，是不断提高技术技能水平，为推动高质量发展、实施制造强国战略、全面建设社会主义现代化国家贡献智慧和力量的优良品质。

一、工匠精神是中华民族的宝贵历史遗产，是党在百年奋斗中智慧的结晶

在古代历史长河中，劳动人民创造了辉煌灿烂的物质文明，无数能工巧匠为后人留下了丰厚的文化遗产；在现当代历史上，无论是新民主主义革命时期、社会主义革命和建设时期，还是改革开放和社会主义现代化建设新时期，中国共产党始终发挥先锋队作用，发动和带领工人阶级开展革命运动，开展工业化建设，在实现中国梦伟大进程中拼搏奋斗；在中国特色社会主义进入新时代的当下，在党的领导下，工人阶级的力量更加彰显。可以说，中国共产党的百年奋斗史，也是体现民族精神、时代精神的工匠精神发展史。党引领工人阶级，用智慧和汗水营造了劳动光荣、知识崇高、人才宝贵、创造伟大的社会风尚，工匠精神更是日臻成熟。

二、工匠精神是高素质技能人才成长的立身之本，是职业教育发展的必由之路

当前正值中华民族伟大复兴的发展加速期，劳动者素质起着至关重要的基础性作用。不断提升高端技术技能人才素养，使企业能够推出具有更高竞争力和吸引力的产品与服务，是经济发展的当务之急、重中之重。因此，弘扬工匠精神已经上升到推动经济社会高质量发展的国家战略层面，被摆在了经济社会发展和教育改革创新中更加突出的位置。职业教育在培育和弘扬工匠精神方面发挥着基础性作用，只有坚持立德树人、德技并修，引导学生服务国家战略、适应社会需求，树立爱岗敬业、精益求精的工匠精神，走技能成才、技能报国之路，才能实现培养兼具专业技能与职业精神的高素质劳动者这一最终目标。

三、工匠精神是职业院校提升基层党建水平的有力抓手，是提高职业教育事业发展质量的有效方法

工匠队伍的培养者，自身要有过硬本领，要练就过硬本领，也必须发扬"工匠精神"。职业教育为建设制造大国、制造强国提供强大人才支撑，也为人民群众就业创业提供服务保障，责任重大、使命光荣。锤炼党支部在工匠精神培育工作中的凝聚力、战斗力、引领力，进而加强教师队伍建设，全面提升教师素养，打造出更多高素质技术技能人才、大国工匠、能工巧匠的缔造者，是培工匠精神传承之根；将工匠精神培育融入课程教学、实习实训、教改科研，形成整体育人的联动效应，造就学生精益求精的敬业风气，汇聚向上向善的奋斗力量，是铸工匠精神发展之魂。

高职院校深入推进培育工匠精神研究与实践，是贯彻落实习近平总书记关于职业教育重要讲话精神的具体体现；是加强高职院校学生思想政治工作，培养更多高素质技术技能人才、能工巧匠、大国工匠的有力抓手；是适应中国经济社会高质量发展新形势，深化产教融合、推进校企合作的客观要求；是学生可持续发展、实现自身价值的现实需要；是时代赋予职业教育的使命，具有特殊重要性和现实紧迫性。高职院校必须勇敢担负起大力培育和弘扬工匠精神的重任，开创新时代工匠精神培育新路径，为全面建设社会主义现代化国家、实现中华民族伟大复兴中国梦贡献力量。

该书通过调查研究，探析了目前高职院校培养工匠精神存在的问题与原因，在此基础上围绕工匠精神的内涵界定、工匠精神的时代价值、工匠精神的培育对策等方面开展研究，提出了高职院校"七位一体"工匠精神培养体系，形成了新时代高职院校培育工匠精神的创新示范案例，相信对促进职业教育深化工匠精神培育具有很好的借鉴意义。

2023 年 11 月 30 日

前　言

　　中国特色社会主义进入新时代，习近平总书记在不同场合对传承和弘扬工匠精神进行了多维度的指示和解读。他指出，要深刻领悟工匠精神的本质与内涵，通过培育与弘扬精益求精的"匠人"理念，将工匠精神打造成当代中国的一种新型文化软实力。工匠精神作为中国制造品质革命之魂，是提高产品质量和核心竞争力的重要精神力量，而培育和建设知识型、技能型、创新型劳动者大军，则是弘扬劳模精神和工匠精神，营造劳动光荣的社会风尚和精益求精的敬业风气，进而打造工匠精神软实力的重要路径，是高质量党建引领高质量事业发展的有效手段，因此，进行高职教育、高职院校党建工作视域下的工匠精神培育研究，具有重要的理论意义和实践意义。

　　目前工匠精神的研究不少，但对其内涵界定仍然含糊不清，对弘扬工匠精神的现实困境和形成原因缺少实际调查和系统分析，提出的工匠精神培育对策过于宽泛，各行业领域培育工匠精神的研究与实践同社会要求尚不匹配。本书依托 2021 年北京高校思想政治工作研究课题重点项目，针对过往研究中存在的问题和欠缺，立足推动新时代高职院校工匠精神培育的理论和实践发展，围绕厘清新时代工匠精神内涵、剖析高职院校培育工匠精神工作现状与问题、提出高职院校工匠精神培育的对策和路径等开展深入的探索，同时积极把研究的认识和结论运用到实际工作中，促进学校思想政治工作质量的提升。

张启峰

2023 年 11 月 30 日

目　录

第一编　现状调研报告

新时代高职院校工匠精神培育现状调研报告 …………………………… 3

第二编　研究与实践方案

新时代高职院校培育工匠精神研究与实践方案
　　——以北京电子科技职业学院为例 ……………………… 37

第三编　教育实践基地

北京电子科技职业学院工匠馆 …………………………………… 49

北京电子科技职业学院匠心湖 …………………………………… 59

非遗文化党建传承实践基地 ……………………………………… 64

"航空专业群精神"党员教育实践基地 …………………………… 69

集成电路教育实践基地 …………………………………………… 73

"蓝新慧制"汽车工匠学院 ……………………………………… 77

第四编　典型实践案例

党建4L 筑匠心 引领智建向未来 ………………………………… 83

"丰持淀掣"追求卓越 …………………………………………… 91

绘制"一心双环"同心圆 打造工匠精神共振环 ………………… 98

"三维三创"开新局 党建铸魂工匠情 …………………………… 105

以文赋能 培工育匠 激发语文类公共基础课新活力 …………… 110

1

"三 XIN"精双师 双师育匠人 …………………………… 116

"红色引擎"添动力 红色工匠展风采 ………………………… 122

厚德载物 匠心铸魂 …………………………………………… 133

三支队伍做保障 五个平台促发展 …………………………… 138

"三色三型"孕育航空工匠精神 ……………………………… 143

"四轮驱动"打造追求卓越的样板 …………………………… 149

传承工匠精神 培育时代新人 打造"三聚焦三创新"集成电路创新人才
　　培养新模式 …………………………………………… 155

红色电波守初心 匠心独运育英才 …………………………… 162

擦亮专业底色 培育工匠精神 建立"三根三底"党建育人模式 …… 167

党建引领 匠心筑行 …………………………………………… 172

党群齐发力 协同促提升 ……………………………………… 176

精艺求精 匠心筑梦 …………………………………………… 181

E 路育匠心 …………………………………………………… 186

"五翼五力"培根铸魂
　　——以党建业务双螺旋模式拉动工匠精神发展内应力 …… 193

"工艺 技艺 匠艺"三艺育人 ………………………………… 198

构建"五 Hong"学生党支部特色党建品牌 ………………… 206

初心社团悟初心 牢记使命育新人 …………………………… 210

培养青年楼层小管家 培育学生党员工匠精神 ……………… 214

"三型五育"增匠心 校企协同立匠魂 ……………………… 220

绘制时分秒三针走法图 助力工匠精神培育 ………………… 228

"三心"党建工作模式 ………………………………………… 232

"三强三心铸三型"特色党建品牌 …………………………… 235

以行动践行初心使命 用实干诠释责任担当 ………………… 241

"书"写匠心 …………………………………………………… 246

用工匠精神打造"四个过硬"党支部 ……………………… 253

践行工匠精神 打造"四好一强"党支部 …………………… 257

服务育人中践行工匠精神 ……………………………………………… 264

第五编 研究论文

新时代职业教育培育工匠精神探研 …………………………………… 269

高职院校工匠精神培育模型构建与路径探索 ………………………… 279

基于 SECI 模型的现场工程师工匠精神建构研究 …………………… 286

第一编

现状调研报告

新时代高职院校工匠精神培育现状调研报告

　　本调研报告旨在立足新时代培育工匠精神和职业教育改革发展的形势要求，坚持理论研究和实践探索并重、问题导向和目标导向兼顾的原则，探究新时代高职院校培育工匠精神的实然状态，反思存在的问题，探寻影响工匠精神培养的因素，由此设计培育路径。

一、调研基本情况

　　2022 年 4 月至 9 月，课题组开展了新时代高职院校工匠精神培育现状调研，调研采用定性和定量相结合的方式，以问卷调查为主，访谈为辅，保证调研信息的真实性和准确性，问卷面向京内京外 13 所学校的教师以及学生发放，其中面向学生发放并回收有效问卷 1 789 份，面向学校管理人员发放并回收有效问卷 476 份；面向京内京外近 20 家企业发放并回收有效问卷 118 份问卷。采用 Excel 以及 SPSS 对问卷中的数据进行分析处理。为了进一步验证定量分析的结果，依据访谈提纲，对学校管理人员、教师、学生以及企业人员进行了个别访谈。

二、调研结果分析

　　本课题调研以高职院校学生、高职院校教师、企业员工和管理者这三个维度的群体作为调研对象，采用网络在线问卷调查的形式开展调查研究，完成数据采集。

　　学生样本：以北京电子科技职业学院、北京财贸职业学院、北京工业职业技术学院、北京京北职业技术学院、北京经济管理职业学院、北京劳动保障职业学院、北京青年政治学院、北京政法职业学院、昌吉农业职业技术学院、哈尔滨民族职业学院、黑龙江民族职业学院、黄冈职业技术学院、新疆农业职业技术学院等十余所高职院校的 1 789 名学生为样本开展问卷调研。

教师样本：以北京电子科技职业学院、北京财贸职业学院、北京工业职业技术学院、北京京北职业技术学院、北京经济管理职业学院、北京劳动保障职业学院、北京青年政治学院、北京政法职业学院、黑龙江民族职业学院、黄冈职业技术学院、江苏农林职业技术学院、深圳信息职业技术学院、新疆农业职业技术学院等 10 余所高职院校的教师以及管理人员共 476 人为样本开展问卷调研。

企业样本：以阿波罗智联、奥视纵横、百度、北京艾普世纪、北京奔驰汽车、北京博联众睿机器人、北京德隆鑫达、北京固睿技术等涵盖多个行业的 40 多家企业的员工和管理人员共 118 人为样本开展问卷调研。

（一）新时代高职院校培育工匠精神的必要性

1. 培养工匠精神是社会的共识

新时代背景下培育工匠精神是高职院校学生、教师和企业员工等各个群体的共识。

如图 1-1 所示，认为新时代背景下培育学生工匠精神非常有必要的学生占 59.08%，认为有必要的学生占 36.72%，认为可有可无的学生占 3.48%，认为没有必要的学生占 0.72%；83.45% 的教师认为非常有必要开展学生工匠精神培育，16.08% 的教师认为有必要开展，0.47% 的教师认为学生工匠精神培养可有可无；77.12% 的企业员工表示非常有必要开展工匠精神培育，22.03% 的企业员工认为有必要开展，0.85% 的企业员工认为工匠精神培育可有可无。

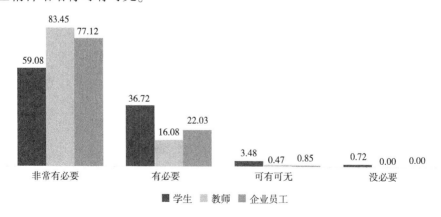

图 1-1　不同群体对新时代背景下培育学生工匠精神必要性的看法（%）

2. 工匠精神是用人单位选拔人才的标准

工匠精神正在逐步成为用人单位选拔考核人才的标准之一。

如图 1-2 所示，90.49% 的学生认为社会各行业会将工匠精神作为用人标准之一，这一比例高于教师群体和企业员工群体；78.96% 的教师和 77.12% 的企业员工认为社会各行业会将工匠精神作为用人标准之一。

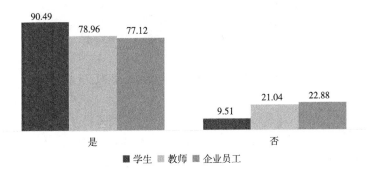

图 1-2 不同群体认为社会各行业会将工匠精神作为用人标准之一的比例（%）

如图 1-3、图 1-4 所示，71.19% 的企业会在招聘中考察求职者的工匠精神，39.83% 的企业对于员工工匠精神的要求非常高，48.31% 的企业对于员工工匠精神的要求一般。

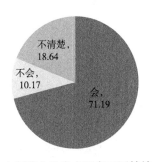

图 1-3 企业在招聘中考察求职者工匠精神的情况（%）

3. 工匠精神是学生成长的关键

新时代背景下工匠精神与个人人生目标的实现关系密切，对高职院校学生个人成长产生越来越大的积极影响。

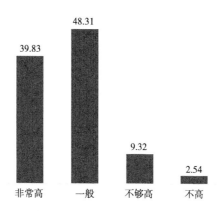

图1-4 企业对于员工工匠精神的要求情况（%）

如图1-5所示，对于新时代背景下工匠精神与个人人生目标实现的关系问题，68.72%的高职院校学生认为关系密切，29.90%的学生认为关系一般；85.11%的教师表示关系密切，14.42%的教师认为关系一般；78.81%的企业员工认为关系密切，20.34%的企业员工关系一般。

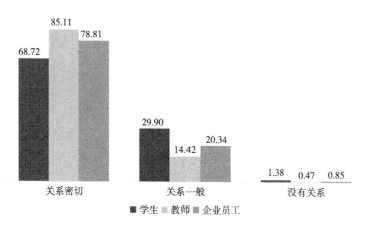

图1-5 不同群体对新时代背景下工匠精神与个人人生目标实现关系的看法（%）

4. 工匠精神是建设创新型国家的关键

加强工匠精神培育有利于加快建设创新型国家，推动我国由"中国制造"向"中国智造"转变，有利于培养一大批技能型人才，为新时代我国发展提供新生力量。

加强工匠精神培育对我国具有重要意义。如图1-6所示，38.23%的学生、18.44%的教师、24.58%的企业员工表示加强工匠精神培育有利于发挥我国传统工匠精神；15.41%的学生、8.04%的教师、5.08%的企业员工表示加强工匠精神培育有利于推动质量革命，解决新时代社会主要矛盾；23.54%的学生、39.48%的教师、40.68%的企业员工表示加强工匠精神培育有利于加快建设创新型国家，推动我国由"中国制造"向"中国智造"转变；22.82%的学生、34.04%的教师、29.66%的企业员工表示加强工匠精神培育有利于培养一大批技能型人才，为新时代我国发展提供新生力量。高职院校学生认为，加强工匠精神培育有利于发挥我国传统工匠精神、有利于加快建设创新型国家，推动我国由"中国制造"向"中国智造"转变；高职院校教师和企业员工认为，加强工匠精神培育有利于加快建设创新型国家，推动我国由"中国制造"向"中国智造"转变，有利于培养一大批技能型人才，为新时代我国的发展提供新生力量。

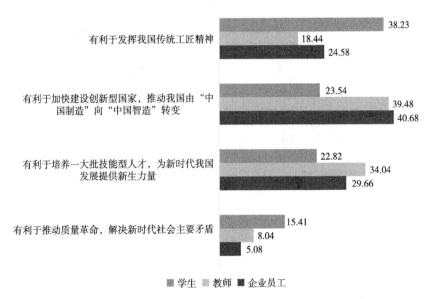

图1-6　不同群体对加强工匠精神是否对我国具有重要意义的看法（%）

（二）新时代高职院校培育工匠精神的现状与存在的问题

1. 培育工匠精神不系统

（1）高职院校工匠精神培育工作缺乏系统谋划和统筹推进。如图1-7

所示，56.00%的教师反映所在学校工匠精神培育研究、计划、实施工作有专门组织或人员，16.86%的教师反映没有专门的组织或人员，27.15%的教师表示不清楚所在学校有没有专门的组织或人员。相当一部分的教师表示自己所在学校存在工匠精神培育研究、计划、实施等工作缺乏专门组织或人员的问题，反映出大量高职院校工匠精神培育工作缺乏系统谋划和统筹推进。

（2）高职院校工匠精神培育工作顶层设计明显不够。如图1-8所示，参加调研的高职院校教师中，14.73%的教师表示所在学校没有将工匠精神融入学校治理和管理服务，26.31%的教师表示不清楚所在学校有没有将工匠精神融入学校治理和管理服务。调查数据分析结果反映出高职院校尚未完全将工匠精神融入学校治理和管理服务中，同时宣传工作不到位，教师对所在学校工匠精神培育工作认识不足。

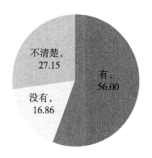

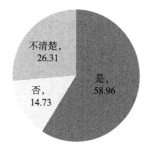

图1-7　高职院校进行工匠精神培育研究、计划、实施有专门组织或人员的情况（%）

图1-8　高职院校将工匠精神融入学校治理和管理服务的情况（%）

（3）高职院校工匠精神培育工作制度建设相对滞后。如图1-9所示，16.86%的教师认为所在学校在工匠精神培育制度方面缺乏支持，30.09%的教师表示不清楚所在学校在工匠精神培育方面是否有制度方面的支持，反映出高职院校在工匠精神培育工作中的制度建设相对滞后。

（4）高职院校工匠精神培育内容碎片化和盲目性问题比较突出。如图1-10所示，认为所在学校具有一整套的、成体系的工匠精神培育系统与机制的学生占69.97%，认为所在学校有工匠精神的培育内容，但内容零散、不成体系的学生占26.82%，认为所在学校没有工匠精神的培育内

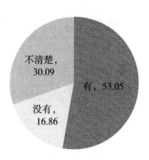

图 1-9　高职院校在工匠精神培育制度方面的支持情况（%）

容或内容不固定的学生占 3.21%。认为所在学校具有一整套的、成体系的工匠精神培育系统与机制的教师占 48.70%，认为所在学校有工匠精神的培育内容，但内容零散、不成体系的教师占 47.52%，认为所在学校没有工匠精神的培育内容或内容不固定的教师占 3.78%。反映出高职院校在工匠精神培育内容设定方面缺乏系统性，存在碎片化和盲目性。

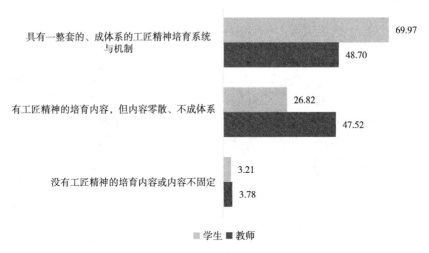

图 1-10　不同群体对所在高校工匠精神培育内容系统性的看法（%）

　　基于以上调查问卷统计分析结果，结合对访谈素材的质性分析，可以看出高职院校既缺乏专门的组织或者人员进行工匠精神培育的研究、计划、实施，也缺乏工匠精神培育制度方面的支持，学校没有系统的工匠精神的培育内容，比较零散、临时，应该多将工匠精神贯穿到课堂教学中，学校也应该多组织践行工匠精神的实践活动，比如，实地参观、企业实习等。

综上，目前高职院校工匠精神培育工作缺乏系统谋划和统筹推进，顶层设计明显不够，制度建设也相对滞后，碎片化和盲目性的问题比较突出，鲜有高职院校已经制定并实施培育工匠精神的高质量系统化工作方案，同时，也鲜有高职院校有明确的工匠精神培育工作的评价指标和奖惩机制。可见，目前高职院校工匠精神培育工作不系统。

2. 培育工匠精神不平衡

（1）不同区域高职院校、不同专业类型高职院校对工匠精神和理解存在差异。将参与调研的十余所高职院校按照类别可分为财经类、工科类、理工类、民族类、农林类、政法类、综合类等几种类型，对各种类型院校的教师调研结果如图1-11所示，可以看出教师对工匠精神都有不同程度的了解，但各种类别存在差异，工科类（以北京电子科技职业学院为代表）、农林类、财经类高职院校的教师对工匠精神的了解优于其他类型的高职院校。

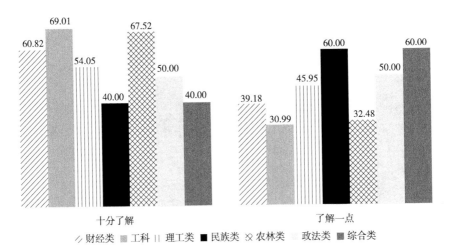

图1-11 不同类型高职院校教师对工匠精神的了解程度（%）

对各种类型高职院校的学生调研结果如图1-12所示，可以看出各类型高职院校学生均存在对工匠精神根本不了解的人群。整体而言，各类型高职院校学生对工匠精神的了解不均衡，存在明显差异，财经类、工科类（以北京电子科技职业学院为代表）高职院校的学生对工匠精神的了解优于其他类型高职院校的学生。

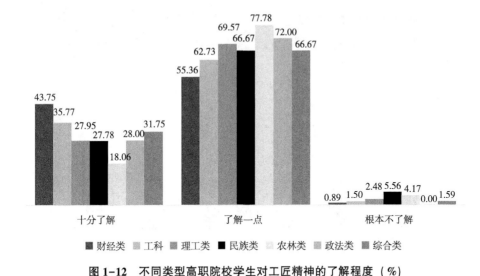

图 1-12 不同类型高职院校学生对工匠精神的了解程度（%）

按照区域可将参与课题调研的十余所高职院校划分为东北、华北、华东、华南、华中、西北几个不同区域，不同区域的高职院校教师对工匠精神的了解情况如图 1-13 所示，可以看出不同区域的高职院校教师对工匠精神的了解程度不同，存在明显的区域差异，华中、西北、华北的高职院校教师对工匠精神的了解明显高于其他区域。

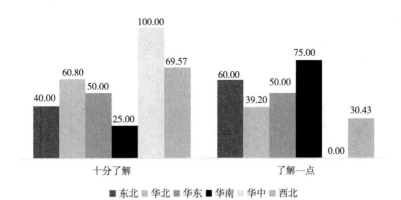

图 1-13 不同区域高职院校教师对工匠精神的了解程度（%）

不同区域的高职院校学生对工匠精神的了解情况如图 1-14 所示，可以看出不同区域高职院校学生均存在对工匠精神根本不了解的人群。整体而言，各区域高职院校学生对工匠精神的了解不均衡，存在明显差异，华北、华中区域的高职院校的学生对工匠精神的了解明显高于其他区域。

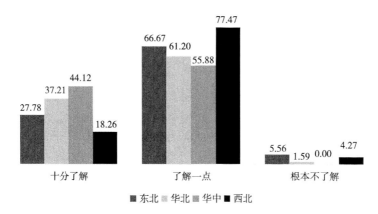

图1-14　不同区域高职院校学生对工匠精神的了解程度（%）

不同政治面貌高职院校学生对工匠精神的了解情况如图1-15所示，可以看出政治面貌为"党员/预备党员"的学生对工匠精神的了解情况呈现两极分化，十分了解和根本不了解的学生比例在各群体中均为最高，整体而言呈现不平衡的态势。

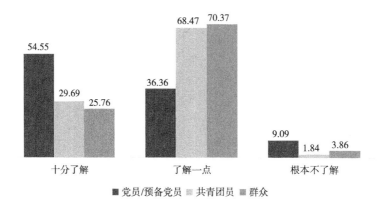

图1-15　不同政治面貌高职院校学生对工匠精神的了解程度（%）

此外，不同专业类型对培育工匠精神工作情况存在差异。其中电气自动化、汽车专业对工匠精神的了解排在首位，其次是建筑工程、工程造价专业，剩下大部分专业对于工匠精神的了解存在不足。

（2）重视对学生群体工匠精神的培育，但对教师群体工匠精神的培育重视一般。如图1-16所示，48.59%的学生表示学校十分重视工匠精神培育，44.33%的学生表示学校重视工匠精神培育，分别有5.38%和1.70%的学生表示学校不够重视及不重视工匠精神培育。教师对所在高职院校学生和教师工匠精神培育的看法如图1-17所示，认为学校对学生工匠精神培育不够重视和不重视的教师占4.02%，认为学校对教师工匠精神培育不够重视和不重视的教师占27.66%。整体而言，高职院校对学生群体工匠精神培育的重视程度明显高于对教师群体工匠精神培育的重视程度。

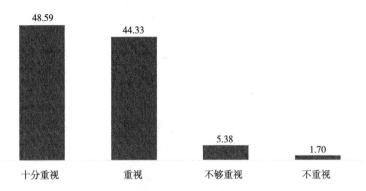

图1-16　学生认为所在高校重视工匠精神的培育的情况（%）

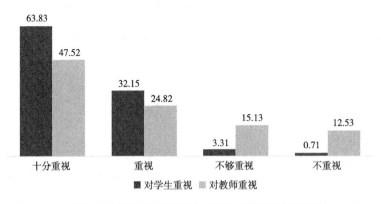

图1-17　教师对所在高校重视学生和教师工匠精神培育的看法（%）

（3）强调把工匠精神融入人才培养和学生发展，相对忽视把工匠精神融入学校治理和管理服务。参与调研的教师和学生普遍表示所在学校会组织践行工匠精神的活动或者实习，78.56%的学生和73.52%的教师表示学校有相关实践活动和实习，反映出高职院校在开展工匠精神培育的过程中，注重把工匠精神融入人才培养和学生发展。具体结果详见图1-18、图1-19。

图1-18　学生反映所在学校组织践行工匠精神的活动或者实习的情况（%）

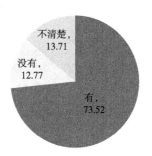

图1-19　教师反映所在学校组织践行工匠精神的活动或者实习的情况（%）

如图1-20所示，在把工匠精神融入学校治理和管理服务方面，16.55%的教师表示学校没有把工匠精神融入学校治理和管理服务，16.31%的教师表示对此不清楚。反映出高职院校在把工匠精神融入学校治理和管理服务方面重视不足。结合访谈可以发现，高职院校教师普遍认为学校强调把工匠精神融入人才培养和学生发展，相对忽视把工匠精神融入学校治理和管理服务。

（4）学校内部推进工匠精神培育工作有力，但协调外部力量共同推进工匠精神培育工作乏力。对高职院校教师访谈资料进行质性分析可以发现，学校内部推进工匠精神培育工作有力，比较充分地调动了学校多部门各方面的资源协同工作，但在协调外部力量共同推进工匠精神培育方面表现出乏力的态势。问卷调研结果也支持这一结论，如图 1-21 所示，18.91%的教师认为学校在培育工匠精神中缺乏利用外部力量如校企合作等方面，10.17%的教师对此表示不清楚。

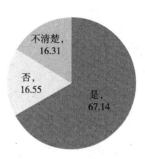

图 1-20 高职院校将工匠精神融入学校治理和管理服务的情况（%）

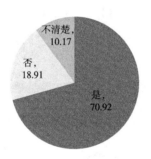

图 1-21 教师认为学校在培育工匠精神中利用外部力量的情况（%）

综上，在工匠精神培育的对象、专业、具体内容、合力等方面不平衡，没有形成较好的协调发展态势。

3. 培育工匠精神不深入

（1）在理论层面对工匠精神缺少深入的研究和理解。在对高职院校学生进行访谈时，获取到学生的真实反映："我只知道工匠精神，但是再多的内容我就不是很清楚了。""工匠精神到底是什么，我现在有一点概念，但是在专业学习上，在工作上，我还要去探索。"教师也反映了工匠精神培育理论研究不深入的问题，提到"工匠精神一直都在说，可是具体怎么能够让学生更深入地了解并去实践，是一个问题""学生知道工匠精神和实践工匠精神是两回事"，"将工匠精神融入课堂，融入学生的专业学习、生活、实习中很有难度，需要深入地研究并且还要有各方面的支持"。

（2）在实践层面构建培育路径不完善、不平衡。如图1-22所示，36.20%的学生认为学校是通过系统的课堂授课来培育工匠精神的，15.34%的学生认为学校是通过实践活动培育工匠精神的，12.85%的学生认为学校是通过校园文化培育工匠精神的，12.13%的学生认为学校是通过组织专题讲座培育工匠精神的，12.07%的学生认为学校是通过网课视频培育工匠精神的，3.93%的学生认为学校是通过党团支部的传达培育工匠精神的，7.48%的学生认为学校是通过其他方式培育工匠精神的。36.17%的教师认为学校是通过系统的课堂授课培育工匠精神的，30.02%的教师认为学校是通过实践活动培育工匠精神的，11.35%的教师认为学校是通过校园文化培育工匠精神的，12.53%的教师认为学校是通过组织专题讲座培育工匠精神的，4.02%的教师认为学校是通过网课视频培育工匠精神的，2.60%的教师认为学校是通过党团支部的传达培育工匠精神的，3.31%的教师认为学校是通过其他方式培育工匠精神的。

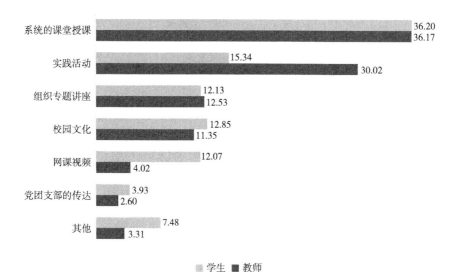

图1-22 不同群体对高职院校培育工匠精神方式的认知（%）

（3）未能构建工匠精神培育工作评价指标和奖惩机制。如图1-23所示，对教师的调研结果显示，学校构建工匠精神培育工作的评价指标和奖惩机制明显不足，11.82%的教师表示所在学校没有工匠精神培育工作的评价指标和奖惩机制，30.02%的教师表示不清楚所在学校是否有工匠精神培育工作的评价指标和奖惩机制，反映出部分高职院校尚未构建工匠精神培育工作评价指标和奖惩机制。

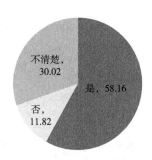

图1-23 学校构建工匠精神培育工作的评价指标和奖惩机制的情况（%）

综上，从问卷调查结果以及访谈结果来看，高职院校在理论层面对工匠精神缺少深入的研究和理解，结合职业教育规律和要求的消化和转化存在不足，进而在实践层面无法提出全面、有效的培育路径，未能构建工匠精神培育工作的评价指标和奖惩机制，由此影响到工匠精神培育工作的科学性和有效性，也难以形成基于理论探索和实践创新的高职院校弘扬和培育工匠精神的特色经验和示范模式。

（三）新时代高职院校培育工匠精神的影响因素

1. 完整的培育系统是影响高职院校培育工匠精神的主要因素

（1）高职院校学生、教师和企业员工对影响学生工匠精神培育的因素认识比较一致，主要集中在高校是否具备完整的培育系统、社会大环境的影响和师长的教育方面，学生更看重高校完整的培育系统，教师则认为社会大环境的影响更大。影响学生工匠精神培育的因素情况如图1-24所示，45.77%的学生认为高校是否具备完整的培育系统最影响学生工匠精神培育，21.90%的学生认为社会大环境的影响最影响学生工匠精神培育，17.31%的学生认为师长的教育最影响学生工匠精神培育，7.28%的学生认为同辈群体的交流最影响学生工匠精神培育，7.74%的学生认为学生自身的因素最影响学生工匠精神培育。40.90%的教师认为高校是否具备完整的培育系统最影响学生工匠精神培育，47.28%的教师认为社会大环境的影响最影响学生工匠精神培育，6.38%的教师认为师长的教育最影响学生工匠精神培育，2.13%的教师认为同辈群体的交流最影响学生工匠精神培育，3.31%的教师认为学生自身的因素最影响学生工匠精神培育。56.78%的企业员工认为高校是否具备完整的培育系统最影响学生工匠精神培育，25.42%的企业员工认为社会大环境的影响最影响学生工匠精神培育，7.63%的企业员工认为学生自身的因素最影响学生工匠精神培育，6.78%的企业员工认为师长的教育最影响学生工匠精神培育，3.39%的企业员工认为同辈群体的交流最影响学生工匠精神培育。

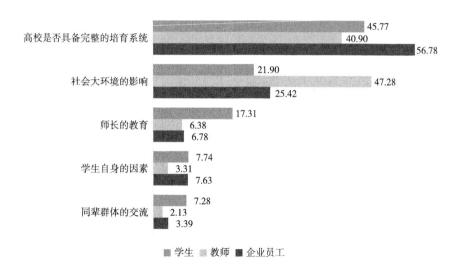

图1-24 不同群体对影响学生工匠精神培育的因素的看法（%）

（2）高职院校学生、教师和企业员工一致认为大学生个人自主意识的缺失、高校不成体系的教育是最可能成为新时代学生工匠精神培育阻碍因素的两个方面，除此之外，教师认为社会宣传力度不够已经成为制约学生工匠精神培育的重要方面。对新时代学生工匠精神培育的阻碍因素的调研结果如图1-25所示，28.46%的学生认为高校不成体系的教育会对新时代学生工匠精神培育造成阻碍，36.59%的学生认为大学生个人自主意识的缺失会对新时代学生工匠精神培育造成阻碍，7.28%的学生认为家庭教育氛围淡薄会对新时代学生工匠精神培育造成阻碍，14.10%的学生认为网络平台良莠不齐的信息发布会对新时代学生工匠精神培育造成阻碍，8.07%的学生认为社会宣传力度不够会对新时代学生工匠精神培育造成阻碍，5.51%的学生认为西方文化的冲击会对新时代学生工匠精神培育造成阻碍。22.22%的教师认为高校不成体系的教育对新时代学生工匠精神培育造成阻碍，30.73%的教师认为大学生个人自主意识的缺失会对新时代学生工匠精神培育造成阻碍，8.27%的教师认为家庭教育氛围淡薄会对新时代学生工匠精神培育造成阻碍，13.00%的教师认为网络平台良莠不齐的信息发布会对新时代学生工匠精神培育造成阻碍，23.64%的教师认为社会宣传力度不够会对新时代学生工匠精神培育造成阻碍，2.13%的教师认为西方文化的冲击会对新时代学生工匠精神培育造成阻碍。38.14%的企业员工认为高校不成体系的教育会对新时代学生工匠精神培育造成阻碍，34.75%的企业员工认为大学生个人自主意识的缺失会对新时代学生工匠精神培育造成阻碍，5.93%的企业员工认为家庭教育氛围淡薄会对新时代学生工匠精神培育造成阻碍，8.47%的企业员工认为网络平台良莠不齐的信息发布会对新时代学生工匠精神培育造成阻碍，7.63%的企业员工认为社会宣传力度不够会对新时代学生工匠精神培育造成阻碍，5.08%的企业员工认为西方文化的冲击会对新时代学生工匠精神培育造成阻碍。

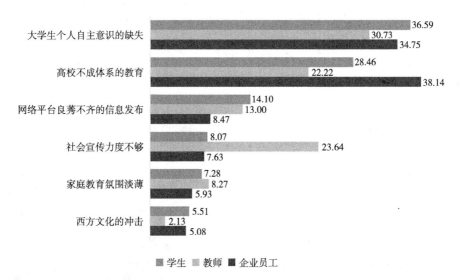

图 1-25 不同群体对新时代学生工匠精神培育的阻碍因素的看法（%）

（3）课堂教育、实践行为、社会环境是教师认为最影响工匠精神培育的因素。课题组编制了包含社会环境、思想观念、学校宣传、课堂教学、实践行为、校企合作、学生自身在内的七个维度，以及"社会在营造崇尚技能的良好社会氛围"等31个观测点的"工匠精神培育影响因素调研问卷（教师版）"，对476名高职院校的教师以及管理人员进行问卷调研（见表1-1）。

表1-1　教师对影响新时代高职院校工匠精神培育因素的看法（%）

序号	题目	完全不同意	不同意	不确定	同意	非常同意
1	学校通过思想政治课程进行职业道德、职业操守培育教育	1.68	7.56	8.40	40.34	42.02
2	学校在专业课程教学目标、教学内容及考核之中渗透创新意识培育教育	1.26	3.57	5.46	49.79	39.92
3	学校通过就业创业指导课程进行职业生涯规划教育和创新创业教育	1.89	2.94	5.46	48.53	41.18
4	学校通过名师工作室、技能大师工作室和创新工作室等进行操作技能培育	1.47	4.83	6.09	47.69	39.92
5	社会通过多种渠道宣传工匠精神	0.84	1.47	8.19	51.05	38.45
6	社会在营造崇尚技能的良好氛围	2.10	2.10	9.03	47.06	39.71
7	通过技能竞赛、创新创业大赛等活动，表彰优秀获奖选手	0.21	0.42	2.10	46.22	51.05
8	设立师生技能作品实物展示区，展示师生优秀原创作品	0.00	0.21	6.09	49.58	44.12
9	学校开设的实训课严格按照企业操作规范和质量标准	0.21	1.26	6.09	49.58	42.86
10	实训室引入优秀企业文化元素，打造真实的职业环境	0.42	1.26	6.30	49.79	42.23
11	学校教师自身重视学生工匠精神的培养	0.42	1.26	5.46	52.52	40.34
12	目前技术技能型人才薪酬体系不合理，社会地位偏低	2.73	2.31	14.08	49.37	31.51

续表

序号	题目	完全不同意	不同意	不确定	同意	非常同意
13	学生家长对技能立身持肯定态度	2.73	13.66	27.31	42.02	14.29
14	学生重视自身工匠精神的提升	4.62	7.35	29.41	42.02	16.60
15	"万般皆下品，唯有读书高"等传统观念对学生进一步学习技能产生影响	1.89	8.82	19.96	47.48	21.85
16	学校组织安排学生到企业参观、人物采访等实践活动	0.42	0.84	4.41	47.27	47.06
17	引进企业技术能手担任学校实训课程指导教师	0.42	0.63	6.30	47.90	44.75
18	学校与企业之间开展师徒结对，传授手艺心得	0.63	2.10	9.66	47.06	40.55
19	设立校中厂和厂中校，利用企业先进设备和经验提高操作技能	0.42	3.78	11.13	46.64	38.03
20	学生与企业员工同台竞技提升专业技能	1.05	3.57	18.91	43.49	32.98
21	学生对技能操作有浓厚的兴趣，且动手操作能力强	0.63	2.94	15.55	51.89	28.99
22	学生具有价值理想，敢于挑战自我，勇于实现创新	1.47	2.31	16.81	51.47	27.94
23	学生对自己未来职业发展有清晰的规划，能够分步骤实施	1.89	5.04	26.47	43.28	23.32
24	学生对未来职业发展目标明确坚定，能够排除干扰实现目标	2.10	6.93	26.05	43.70	21.22
25	学校利用广播、校报、橱窗、网站、微博、微信等平台宣传技能专家的事迹	2.52	6.51	5.46	46.22	39.29
26	组织观看《大国重器》《大国工匠》等纪录片	2.94	3.99	6.72	43.49	42.86
27	学校举办职业道德演讲大赛、征文大赛、技能专家讲座等文化活动	2.31	4.20	6.93	50.63	35.92

续表

序号	题目	完全不同意	不同意	不确定	同意	非常同意
28	校园文化艺术节和社团活动中有工匠事迹展示内容	2.31	5.67	8.40	49.16	34.45
29	校园建筑、学习教室、实训场所、课外活动场所等设置大国工匠人物宣传区	3.99	5.46	10.92	41.60	38.03
30	政府出台弘扬中国传统文化的政策引导	1.26	0.42	2.73	40.97	54.62
31	构建工匠精神评价机制，邀请行业专家考核评价学生	0.21	1.26	11.76	47.06	39.71

调研结果发现，在31个观测点中，认同度高于85%的工匠精神培育影响因素观测点有18个（见表1-2），集中在课堂教育、实践行为、社会环境、学校宣传、校企合作、思想观念等维度，在教师中，课堂教育、实践行为、社会环境等是认同度较高的工匠精神培育影响因素。

表1-2 认同度较高的工匠精神培育影响因素观测点（%）

序号	题目	同意到非常同意	维度
1	通过技能竞赛、创新创业大赛等活动，表彰优秀获奖选手	97.27	实践行为
2	政府出台弘扬中国传统文化的政策引导	95.59	社会环境
3	学校组织安排学生到企业参观、人物采访等实践活动	94.33	校企合作
4	设立师生技能作品实物展示区，展示师生优秀原创作品	93.70	实践行为
5	学校教师自身很重视学生工匠精神的培养	92.86	思想观念
6	引进企业技术能手担任学校实训课程指导教师	92.65	校企合作
7	学校开设的实训课严格按照企业操作规范和质量标准	92.44	实践行为
8	实训室引入优秀企业文化元素，打造真实的职业环境	92.02	实践行为
9	学校在专业课程教学目标、教学内容及考核之中渗透创新意识培育教育	89.71	课堂教学

续表

序号	题目	同意到非常同意	维度
10	学校通过就业创业指导课程进行职业生涯规划教育和创新创业教育	89.71	课堂教学
11	社会通过多种渠道宣传工匠精神	89.50	社会环境
12	学校通过名师工作室、技能大师工作室和创新工作室等进行操作技能培育	87.61	课堂教学
13	学校与企业之间开展师徒结对，传授手艺心得	87.61	校企合作
14	社会在营造崇尚技能的良好社会氛围	86.77	社会环境
15	构建工匠精神评价机制，邀请行业专家考核评价学生	86.77	社会环境
16	学校举办职业道德演讲大赛、征文大赛、技能专家讲座等文化活动	86.55	学校宣传
17	组织观看《大国重器》《大国工匠》等纪录片	86.35	学校宣传
18	学校利用广播、校报、橱窗、网站、微博、微信等平台宣传技能专家的事迹	85.51	学校宣传

把影响学生工匠精神培育的七个维度的平均得分排序，如表1-3所示，课堂教学、实践行为、学校宣传是影响工匠精神培育的前三位重要因素，而社会环境、学生自身以及思想观念排在最后，实践中，大家认为，这几种因素对于培育工匠精神影响不大，这与我们访谈的结果基本一致。

表1-3 影响学生工匠精神培育的七个维度的平均得分比较

序号	影响因素	平均值
1	课堂教学	4.42
2	实践行为	4.35
3	学校宣传	4.31
4	校企合作	4.25
5	社会环境	4.21
6	学生自身	3.91
7	思想观念	3.80

2. 高职院校培育工匠精神缺少社会土壤

在社会环境因素方面，高职院校培育工匠精神缺少社会土壤。"唯数量、唯速度、唯利益"的生产思维定式和受经济发展水平制约人们对优质和高端产品需求不高的现状，导致培育工匠精神缺少社会土壤，对高职院校弘扬和培育工匠精神带来冲击和挑战。如图 1-26 所示，认为社会营造的工匠精神氛围不浓厚或不够浓厚的学生占 13.31%，认为氛围不浓厚或不够浓厚的教师占 30.97%，认为氛围不浓厚或不够浓厚的企业员工占 52.54%。在校高职院校学生对社会营造的工匠精神氛围感受比较乐观，刚好与企业员工的感受呈现两极化。整体而言，培育工匠精神在社会上尚未形成浓厚氛围，没有形成社会土壤。未来的工作，一方面要引导社会各界力量，加强工匠精神培育实效工作；另一方面要更加注重宣传，营造全社会培育工匠精神的浓厚氛围。

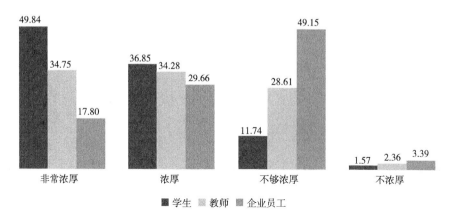

图 1-26 不同群体对社会营造的工匠精神氛围浓厚的看法（%）

如图 1-27、图 1-28 所示，在参与调研的高职院校教师中，超过 21.63% 的教师不确定或不同意 "社会在营造崇尚技能的良好社会氛围" 的看法，或者不确定自己对此的看法；超过 25.20% 的教师对 "社会通过多种渠道宣传工匠精神" 的看法不确定或不同意：反映出培育工匠精神缺少社会土壤。

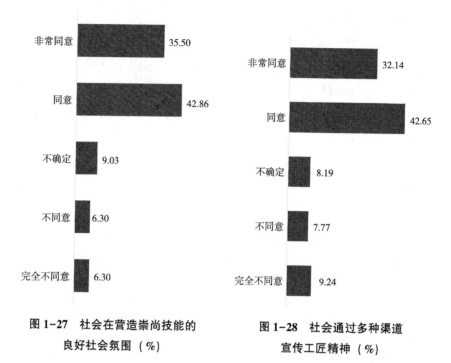

图 1-27　社会在营造崇尚技能的
良好社会氛围（％）

图 1-28　社会通过多种渠道
宣传工匠精神（％）

作为社会氛围的重要组成部分，家庭氛围在学生工匠精神培育中的作用尤为重要。然而，如图 1-29 所示，4.92％的学生表示父母对自己工匠精神的教育从不重视，13.64％的学生表示父母对自己工匠精神的教育不够重视。

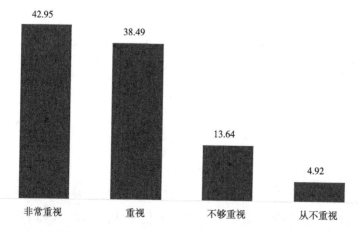

图 1-29　学生反映父母对自己工匠精神教育的重视程度（％）

3. 对工匠职业缺乏思想上的认可和尊重

工匠精神培育影响因素中思想观念因素观测点认同情况如表1-4所示，除了"学校教师自身很重视学生工匠精神的培养"认同度较高，其他观测点的认同度较低（低于85%），反映出对工匠职业缺乏认可和尊重，工匠精神没有成为普遍的社会共识与社会心理，影响着高职院校师生对工匠精神的认同和践行。

表1-4　工匠精神培育影响因素中思想观念观测点认同情况（%）

序号	题目	同意到非常同意
1	学校教师自身很重视学生工匠精神的培养	92.86
2	目前技术技能型人才薪酬体系不合理，社会地位偏低	80.88
3	"万般皆下品，唯有读书高"等传统观念对学生进一步学习技能产生影响	69.33
4	学生重视自身工匠精神的提升	58.61
5	学生家长对技能立身持肯定态度	56.30

4. 国家缺乏培育工匠精神的政策制度顶层设计

在工匠精神培育影响因素中，政策制度观测点的认同情况如表1-5所示，结合图1-30、图1-31的结果可知，目前我国缺乏培育工匠精神的顶层设计，对理应担负培育工匠精神责任的社会组织和行业企业缺乏有针对性的制度约束，高职院校在推进工匠精神培育方面缺少可供参考的政策框架和制度文本。

表1-5　工匠精神培育影响因素中政策制度观测点认同情况（%）

序号	题目	不确定	不同意到完全不同意
1	政府出台弘扬中国传统文化的政策引导	2.73	1.68
2	构建工匠精神评价机制，邀请行业专家考核评价学生	11.76	1.47

5. 教育上重视技术实践、轻视人文社科

在工匠精神培育影响因素中，实践行为观测点的认同情况如表1-6所示，教师对工匠精神培育影响因素中实践行为观测点的认同度较高，反映出教师认为实践行为对工匠精神培育的影响更为重要。此外，高职院校生源结构复杂，学生学习基础较差、综合素质偏低、自我约束能力不强、成长发展动力不足，职业教育存在重视技术实践、轻视人文社科的传统倾向，造成了培育工匠精神的现实困境。

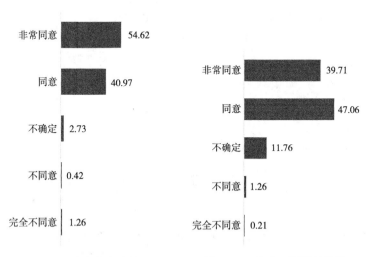

图 1-30　政府出台弘扬
中国传统文化的政策引导（%）

图 1-31　构建工匠精神评价
机制，邀请行业专家考核评价学生（%）

表 1-6　工匠精神培育影响因素中实践行为观测点认同情况（%）

序号	题目	同意到非常同意
1	通过技能竞赛、创新创业大赛等活动，表彰优秀获奖选手	97.27
2	设立师生技能作品实物展示区，展示师生优秀原创作品	93.70
3	学校开设的实训课严格按照企业操作规范和质量标准	92.44
4	实训室引入优秀企业文化元素，打造真实的职业环境	92.02
5	通过技能竞赛、创新创业大赛等活动，表彰优秀获奖选手	97.27

6. 高职院校自身研究意识不强，系统谋划能力不足

在工匠精神培育影响因素中，课堂教学观测点的认同情况如表 1-7 所示，教师对学校自身因素的课堂教学认同度较高，但仍有一部分人对此表示不确定或是不同意。

表1-7　工匠精神培育影响因素中课堂教学观测点认同情况（%）

序号	题目	不确定	不同意到完全不同意
1	学校通过思想政治课程进行职业道德、职业操守培育教育	8.40	9.24
2	学校在专业课程教学目标、教学内容及考核之中渗透创新意识培育教育	5.46	4.83
3	学校通过就业创业指导课程进行职业生涯规划教育和创新创业教育	5.46	4.83
4	学校通过名师工作室、技能大师工作室和创新工作室等进行操作技能培育	6.09	6.30

在工匠精神培育影响因素中，学校宣传观测点的认同情况如表1-8所示，教师对学校自身因素的学校宣传认同度存在不确定或否定态度。

表1-8　工匠精神培育影响因素中学校宣传观测点认同情况（%）

序号	题目	不确定	不同意到完全不同意
1	学校利用广播、校报、橱窗、网站、微博、微信等平台宣传技能专家的事迹	5.46	9.03
2	组织观看《大国重器》《大国工匠》等纪录片	6.72	6.93
3	学校举办职业道德演讲大赛征文大赛、技能专家讲座等文化活动	6.93	6.51
4	校园文化艺术节和社团活动中有工匠事迹展示内容	8.40	7.98
5	校园建筑、学习教室、实训场所、课外活动场所等设置大国工匠人物宣传区	10.92	9.45

高职院校欠缺理论研究的工作敏感和常态思维，研究工匠精神的主动性不强，对工匠精神内涵的理解不够精深，工作系统谋划能力不足，工匠精神培育评价反馈体系不完善，阻碍了工匠精神培育可持续推进和高质量发展。

（四）新时代高职院校培育工匠精神路径

1. 不同群体的认识

学生最喜欢的工匠精神培育方式是实践锻炼、理论教育、校园文化熏陶，教师认可的工匠精神培育方式是实践锻炼、社会推崇、榜样示范，企业推荐的工匠精神培育方式是实践锻炼、榜样示范、社会推崇和理论教育。综上可知，实践锻炼培育工匠精神方式效果比较好是所有群体的共识。

如图 1-32 所示，36.72%的学生认为实践锻炼是培育工匠精神较好的方式，30.75%的学生认为理论教育是培育工匠精神较好的方式，16.39%的学生认为校园文化熏陶是培育工匠精神较好的方式，5.44%的学生认为榜样示范是培育工匠精神较好的方式，4.46%的学生认为社会推崇是培育工匠精神较好的方式，4.26%的学生认为自我培养是培育工匠精神较好的方式，1.97%的学生认为家庭教育是培育工匠精神较好的方式。50.83%的教师认为实践锻炼是培育工匠精神较好的方式，4.02%的教师认为理论教育是培育工匠精神较好的方式，10.17%的教师认为校园文化熏陶是培育工匠精神较好的方式，14.66%的教师认为榜样示范是培育工匠精神较好的方式，18.44%的教师认为社会推崇是培育工匠精神较好的方式，0.47%的教师认为自我培养是培育工匠精神较好的方式，1.42%的教师认为家庭教育是培育工匠精神较好的方式。51.69%的企业员工认为实践锻炼是培育工匠精神较好的方式，11.02%的企业员工认为理论教育是培育工匠精神较好的方式，5.93%的企业员工认为校园文化熏陶是培育工匠精神较好的方式，15.25%的企业员工认为榜样示范是培育工匠精神较好的方式，12.71%的企业员工认为社会推崇是培育工匠精神较好的方式，3.39%的企业员工认为自我培养是培育工匠精神较好的方式。

从调查的结果来看，教师和学生在工匠精神培育方式的认识上存在一定差异：就理论教育来看，学生认为理论教育效果比较好，而老师却不认为；但老师和学生都认为实践锻炼的效果好。这个问题值得我们进一步思考，在培养工匠精神中应该从学生的角度出发，了解学生的所思所想，了解他们想要的培养方式以及他们认为自己能够获得成长进步的有效途径。

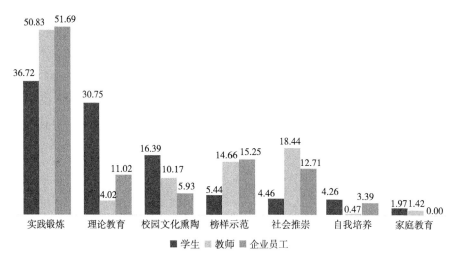

图1-32 不同群体认为效果比较好的培育工匠精神方式占比（%）

2. 学生工匠精神水平测试

应当重点加强工匠精神的专心投入和精益求精维度的宣传和针对性培育，提升高职院校学生对工匠精神理论基础的认识，注重实效，全面深化工匠精神培育。

课题组在对工匠精神已有文献深入研究的基础上，研发制定了学生工匠精神水平测试问卷。预测试共采集有效问卷500份，经过SPSS26.0统计分析，问卷预测试得出的Cronbach's alpha值为0.927，信度较高，可以正式使用。确定测评问卷后，正式发放问卷1 800份，采集有效问卷1 789份。

学生工匠精神水平测试问卷由四个维度构成，分别是专心投入、精益求精、责任担当、勇于创新，每个维度设置4个观测点问题，采用李克特5点量表，经过峰度与偏度测试分析，数据呈现正态分布，每个问题的平均值如表1-9所示。

表1-9 学生工匠精神16个观测点水平测试平均得分

题号	题目	平均值
1	做事时我会完全投入	3.81
2	我做事时会忘记时间的流逝	3.60

续表

题号	题目	平均值
3	做事情时我精力充沛	3.77
4	做事情时，我的思想经常开小差，想其他的事情	3.41
5	比起大多数人，我要求自己在负责的事情上有更好的成绩	3.92
7	我有极高的目标	3.76
6	我的目标比别人要高	3.69
8	我厌恶做事不能做到最佳	3.48
9	我是一个整洁的人	3.95
10	做事有条理有系统对我是十分重要的	3.93
11	我是一个值得信赖的人	4.05
12	分配给我的任务我会尽心尽力完成	4.15
13	我会主动提出新想法来实现目标	3.90
14	我不怕冒风险	3.70
15	我会主动向别人表达自己的想法	3.81
16	我会为实施新想法做好充分的计划安排	3.92

学生工匠精神四个维度得分如表1-10所示，责任担当得分最高，其次是创新维度，再次为精益求精维度，得分最低的是专心投入。

表1-10　学生工匠精神四个维度得分排序

维度	平均值
责任担当	4.02
勇于创新	3.83
精益求精	3.71
专心投入	3.65

从结果中可以看出，学生在专心投入方面的水平较低，需要在此方面下功夫。在责任担当方面具有一定的优势，可见学校在培育学生责任心方面卓有成效，与课题组在访谈时得到的结果基本一致。

3. 学生自身观测点认同情况

应当发挥学生自身在工匠精神培育中的作用，加强校企合作，加大宣传力度，全方位开展工匠精神培育。

工匠精神培育影响因素学生自身观测点认同情况如表1-11所示，高职院校教师学生自身在工匠精神培育中产生的认同度不高，是今后工作中需要重点加强的方面。

表1-11　工匠精神培育影响因素学生自身观测点认同情况（%）

序号	题目	不确定	不同意到完全不同意
1	学生对技能操作有浓厚的兴趣，且动手操作能力强	15.55	3.57
2	学生具有价值理想，敢于挑战自我，勇于实现创新	16.81	3.78
3	学生对自己未来职业发展有清晰的规划，能够分步骤实施	26.47	6.93
4	学生对未来职业发展目标明确坚定，能够排除干扰实现目标	26.05	9.03

结合访谈质性研究结果，高职院校教师认为应该将自身具有工匠精神、以身作则作为工匠精神的重要构成，同时要加强学习，严格要求，精益求精，提升专业技能。教师认为培育工匠精神过程中，学生应该严格要求自己，要自律，努力学习，精益求精，更加深入地了解工匠精神。综合来看，教师和学生都比较重视从自身开始培育工匠精神，同时加强学习了解工匠精神。教师较多地认为应该加强校企合作，加大宣传力度，多去实践以及提高社会认可度。而学生较多认为应该多实践，多交流，多学习相关知识，多宣传工匠精神，多开展相关活动。

4. 网络媒体的作用

应当占领网络宣传阵地，研究发掘"00后"高职学生网络原住民的特征，开展在线工匠精神培育教育，发挥新媒体资源优势，全方位、多渠道开展工匠精神培育。

如图1-33所示，认为网络媒体是了解工匠精神主要渠道的学生占41.77%，认为手机App是了解工匠精神主要渠道的学生占13.05%，认为校园宣传是了解工匠精神主要渠道的学生占12.59%，认为师长传授是了解工匠精神主要渠道的学生占11.54%。认为网络媒体是了解工匠精神主要渠道的教师占46.57%，认为校园宣传是了解工匠精神主要渠道的教师占22.22%，认为社会宣传是了解工匠精神主要渠道的教师占14.66%，认为师长传授是了解工匠精神主要渠道的教师占 5.91%。认为网络媒体是了解工匠精神主要渠道的企业员工占 47.46%，认为社会宣传是了解工匠精神主要渠道的企业员工占 14.41%，认为师长传授是了解工匠精神主要渠道的企业员工占 12.71%。

结合图 1-33、图 1-34、图 1-35 与图 1-36 结果可知，高职院校工匠精神培育需要占领网络宣传阵地，研究发掘"00 后"高职学生网络原住民的特征，开展在线工匠精神培育教育，发挥新媒体资源优势，全方位、多渠道开展工匠精神培育。

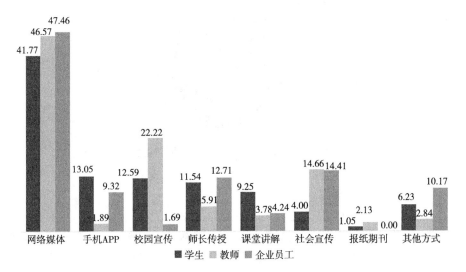

图 1-33　不同群体了解工匠精神的主要途径占比（%）

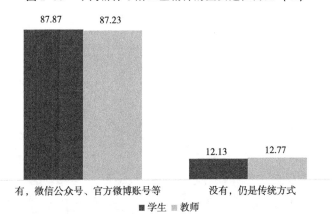

图 1-34　不同群体对所在学校传达工匠精神、传播信息的网络途径的看法占比（%）

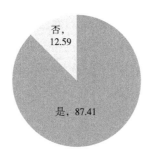

图 1-35　学生反映所在学校在官方账号发布工匠精神内容的情况（%）

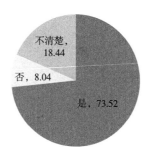

图 1-36　教师反映所在学校在官方账号发布工匠精神内容的情况（%）

三、调查结果运用

　　根据调查研究结果，坚持问题导向，依据现状与实际，建议进一步厘清新时代工匠精神的内涵、核心要素、存在的问题及影响因素，构建工匠精神核心要素理论模型，打通工匠精神培育具体路径，并设计工匠精神培育标准及评价体系，确保工匠精神培育系统化、可持续、可推广。

第二编

研究与实践方案

新时代高职院校培育工匠精神
研究与实践方案
——以北京电子科技职业学院为例

高职院校推进培育工匠精神研究与实践是贯彻落实习近平总书记关于职业教育重要讲话精神的具体体现，是加强高职院校学生思想政治工作，培养更多高素质技术技能人才、能工巧匠、大国工匠的有力抓手，是适应中国经济社会高质量发展新形势、深化产教融合、推进校企合作的客观要求，是学生可持续发展、实现自身价值的现实需要，是时代赋予职业教育的使命，具有特殊重要性和现实紧迫性。本项目基于已有的学术研究成果及学校具体实践，探索提出"新时代中国特色社会主义工匠精神"的概念，研究职业教育领域工匠精神的要素结构、培育路径和评价反馈体系，推动工匠精神和职业教育思想政治工作的理论创新与发展，形成的实践模型能够为社会各行业领域，尤其是职业教育培育工匠精神提供工作指导和实践借鉴。

一、研究思路

本项目立足新时代培育工匠精神和职业教育改革发展的形势要求，坚持理论研究和实践探索并重、问题导向和目标导向兼顾的原则，按照"厘清概念—梳理要素—分析原因—设计路径—实践验证"的思路和路径开展研究，研究思路如图2-1所示。

本项目运用马克思主义观点和党的创新理论，结合现有学术理论成果，从工匠精神的概念出发，着力阐明新时代中国特色社会主义工匠精神的独特内涵和高职院校培育工匠精神的要素。通过对行业企业和职业院校深入的调查和访谈，梳理高职院校在培育工匠精神方面的工作状况、现实困境及其成因，探索高职院校培育工匠精神的实施路径和质量反馈体系，提出对其内在规律的认识和实践指导对策，同时及时将研究结论付诸实际应用，逐步形成较为前沿的学术成果和可供借鉴的实践经验。

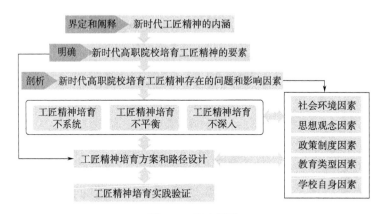

图 2-1　研究思路

二、新时代工匠精神内涵的界定和阐释研究

工匠精神是现代职业教育的精神标识，是职业素养教育的核心内容。新时代职业教育要精准、高效地推进工匠精神培育工作，首先必须深刻理解和准确把握工匠精神的科学内涵和鲜明特征。

（一）既往研究对工匠精神的阐述

综观此前的研究，主要是从不同维度对工匠精神的内涵和特质加以阐释。有观点认为，工匠精神是职业精神，体现出尊师重道、爱岗敬业、精益求精、求实创新的职业态度，涵盖职业敬畏、工作执着、崇尚精品、追求极致等内容。另有观点认为，工匠精神是道德伦理，主要包含爱岗敬业、履行职责、无私奉献、踏实工作等道德规范，是一种职业伦理观念。亦有观点认为，工匠精神是价值取向，是追求至善的人格信仰和把事情做好的目的性和欲望，让人为工作而骄傲，超越谋生的需求，在工作中追求和实现人生价值。也有研究从比较的视角，认真总结和归纳了东西方工匠精神内涵的异同，代表性的观点认为，东西方工匠精神在具体内涵上存在差异，较之西方工匠精神而言，东方工匠精神更加注重"技近乎道"的人生境界，但两者在根本取向上无疑具有相通之处，即均追求至善尽美的工作目标和职业品格。总体来看，上述研究或是从思想和行为的层面，或是从崇德与尚技的角度，或是从专业精神、职业态度和人文素养的视角，对工匠精神的内涵进行了较为深入的探讨，虽各有道理，但均未得到普遍认同。

（二）新时代工匠精神的权威界定

进入新时代以来，党和国家领导人在不同场合反复强调传承和弘扬工匠精神。2020 年 11 月 24 日，习近平在全国劳动模范和先进工作者表彰大会上指出："在长期实践中，我们培育形成了爱岗敬业、争创一流、艰苦奋斗、勇于创新、淡泊名利、甘于奉献的劳模精神，崇尚劳动、热爱劳动、辛勤劳动、诚实劳动的劳动精神，执着专注、精益求精、一丝不苟、追求卓越的工匠精神。劳模精神、劳动精神、工匠精神是以爱国主义为核心的民族精神和以改革创新为核心的时代精神的生动体现，是鼓舞全党全国各族人民风雨无阻、勇敢前进的强大精神动力。"这一重要论述界定了劳模精神、劳动精神、工匠精神的丰富内涵，同时指出了劳模精神、劳动精神、工匠精神的联系和区别，是新时代研究和实践劳模精神、劳动精神、工匠精神的根本遵循。就工匠精神而言，其内涵既包括执着专注、精益求精、一丝不苟、追求卓越的精神品质，也蕴含着以爱国主义为核心的民族精神和以改革创新为核心的时代精神。这其中既有侧重态度层面的内容要求，也有侧重情感层面的内容要求；既有侧重行为层面的要求，也有侧重思想层面的要求。"执着专注、精益求精、一丝不苟、追求卓越"是劳动意志，以爱国主义为核心的民族精神是价值取向，以改革创新为核心的时代精神是进取品格。从结构层次上分析，价值取向居于内核，进取品格和劳动意志居于外层，三者最终需要也必须通过社会实践外化为行为表现。

（三）梳理构建了工匠精神核心要素理论模型

工匠精神核心要素的确定关系到后续的培养实践问题，根据调查研究和学校已有的实践，本项目从马克思主义观点、习近平总书记关于工匠精神的重要论述、中华优秀传统文化三大维度研究新时代工匠精神的内涵，构建了工匠精神核心素养理论模型（见图 2-2），将工匠精神的素养类型分为匠技、匠心、匠魂三类，每一类涵盖 6 个工匠精神核心要素，共计 18 个培养要素。

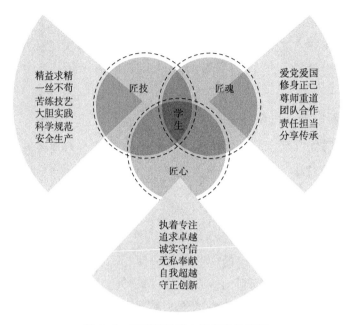

图 2-2 工匠精神核心素养理论模型

一是"匠技"类型的工匠精神核心要素。匠技是工匠之技，是长期积累起来的知识经验、方法原理、操作技能和手艺本领，即培养学生从追求技能高超的维度，精炼匠技、精琢匠技，这是从技术层面对培育工匠精神提出的要求，包括"精益求精、一丝不苟、苦练技艺、大胆实践、科学规范、安全生产"。

二是"匠心"类型的工匠精神核心要素。匠心是工匠之心，是职业人的价值取向和职业态度，即培养学生从以改革创新为核心的时代精神的维度，锤炼品格，厚植匠心，这是从职业道德层面对培育工匠精神提出的要求，包括"执着专注、追求卓越、诚实守信、无私奉献、自我超越、守正创新"。

三是"匠魂"类型的工匠精神核心要素。匠魂是工匠之魂，是工匠精神的统领与根本，是工匠精神的内涵和灵魂，即培养学生从以爱国主义为核心的民族精神的维度，铸造匠魂，筑牢匠魂，这是从德技双修层面对培育工匠精神提出的要求，包括"爱党爱国、修身正己、尊师重道、团队合作、责任担当、分享传承"。

三、新时代高职院校培育工匠精神存在的问题及影响因素

(一) 存在的问题

目前，高职院校在培育工匠精神方面仍然存在诸多突出问题，迫切需要深入研究和解决。一是不系统的问题。目前，高职院校培育工匠精神工作缺乏系统谋划和统筹推进，顶层设计明显不够，制度建设也相对滞后，碎片化和盲目性的问题比较突出，鲜有高职院校已经制定并实施培育工匠精神的高质量系统化工作方案。二是不平衡的问题。不同区域高职院校培育工匠精神工作情况存在差异，不同专业类型高职院校培育工匠精神工作情况存在差异；重视对学生群体工匠精神的培育，但对教师群体工匠精神的培育有所轻视；强调把工匠精神融入人才培养和学生发展，相对忽视把工匠精神融入学校治理和管理服务；学校内部推进工匠精神培育工作有力，但协调外部力量共同推进工匠精神培育工作乏力。三是不深入的问题。高职院校在理论层面对工匠精神缺少深入的研究和理解，结合职业教育规律和要求的消化和转化存在不足，进而在实践层面无法提出全面有效的培育路径，未能构建工匠精神培育工作的评价指标和奖惩机制，由此影响到工匠精神培育工作的科学性和有效性，也难以形成基于理论探索和实践创新的高职院校弘扬和培育工匠精神的特色经验和示范模式。

(二) 影响因素

从加强和改进高职院校工匠精神培育工作的角度出发，对影响高职院校工匠精神培育的因素进行全面、深入的探讨和分析。一是社会环境因素。"唯数量、唯速度、唯利益"的生产思维定式和受经济发展水平制约人们对优质和高端产品需求不高的现状，导致培育工匠精神在社会上缺少土壤，对高职院校弘扬和培育工匠精神带来冲击和挑战。二是思想观念因素。对工匠职业缺乏认可和尊重，工匠精神没有成为普遍的社会共识与社会心理，影响着高职院校师生对工匠精神的认同和践行。三是政策制度因素。目前，国家缺乏培育工匠精神的顶层设计，对理应担负培育工匠精神责任的社会组织和行业企业缺乏有针对性的制度约束，高职院校在推进工匠精神培育时缺少可供参考的政策框架和制度文本。四是教育类型因素。社会对职业教育的认同度和评价较低，高职院校生源结构复杂，学生学习

基础较弱、综合素质偏低、自我约束能力不强、成长发展动力不足，职业教育存在重视技术实践、轻视人文社科的传统倾向，造成培育工匠精神的现实困境。五是学校自身因素。高职院校欠缺理论研究的工作敏感和常态思维，研究工匠精神的主动性不强，对工匠精神内涵的理解不够精深，工作系统谋划能力不足，工匠精神培育的评价反馈体系不完善，阻碍工匠精神培育可持续推进和高质量发展。

四、形成新时代高职院校工匠精神培育六条路径

基于对新时代高职院校工匠精神核心要素、培育现状、存在问题、影响因素的研究分析，提出"七位一体"新时代高职院校培育工匠精神的整体思路和总体方案，即探索六条工匠精神培育路径和形成一套保障机制（图2-3）。

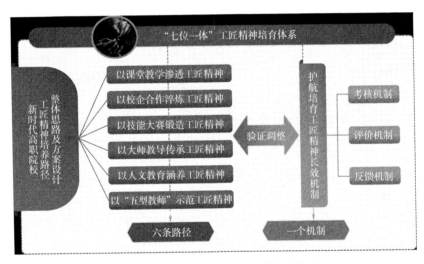

图2-3 "七位一体"工匠精神培育体系

一是以课堂教学渗透工匠精神。课堂教学是塑造"匠技、匠心、匠魂"的主渠道，将工匠精神贯穿于人才培养和教学过程的始终，充分发挥不同课堂的作用，形成合力。将工匠精神培养归入专业教学体系，在新版人才培养方案课程体系中对工匠精神培养进行系统设计和布局，结合课程特点，将每个工匠精神核心要素与课程内容有机融合，培育"匠技"。将

工匠精神培养归入"课程思政"教学体系，在课堂教学中开展"三金案例"教学设计评选活动，将工匠精神培养作为重要观测点，自然渗透工匠精神，培育"匠心"。将工匠精神培养归入"思政课程"教学体系，在"思想道德与法治""习近平新时代中国特色社会主义思想概论"课中，通过社会主义核心价值观、弘扬中国精神、领悟人生真谛、遵守道德规范等章节的讲授，培育"匠魂"。

二是以校企合作淬炼工匠精神。产教融合、校企合作提供的企业实训和顶岗实习是提升精湛高超"匠技"的关键一环，借助校企合作中对学生的培养，雕琢学生"精湛高超"的工匠技能。学校借助产城教融合平台，与企业联合组建"北京奔驰汽车制造工程师学院""AMECO航空技术学院""百度Apollo智能网联汽车产业学院""久其软件数智产业学院"等，与经开区共建"亦城工匠学院""亦城工程师学院"等产城教融合平台载体，在校企合作订单和定向培养方案中明确要求将工匠精神的内涵分解为不同的目标点，以典型的案例故事嵌入课堂和实践教学环节，凝练总结企业工匠精神，作为学徒岗位培养要求以及"师带徒"工作的重要考核内容。

三是以技能大赛锻造工匠精神。技能竞赛是精炼"匠技"的显性途径和检验精益求精、追求卓越等工匠精神的核心要素。学校以各级各类技能比赛为平台勤练技能，创建"基本技能—综合技能—生产技能—创新实践能力"的四级能力递进实践育人体系，构建了"校级、市级、国家级"三级技能竞赛机制，结合技能大赛中用到的专业知识，培育学生学有学得、学以致用的理念以及对技术技能精益求精的追求；结合技能大赛备赛与参赛现场中遇到的问题和困惑，培育学生执着追求、迎难而上的优良品质；结合技能大赛立意、制作、设计、优化中的问题以及分析、解决办法，培育学生勇于创新、大胆尝试的素养；在指导学生不断训练、精进技能的过程中，增强学生践行工匠精神的自觉性，领悟工匠精神的内涵及价值。

四是以大师教导传承工匠精神。大国工匠本身就是对工匠精神的最好诠释和最好榜样，以言传身教塑造"匠技、匠心、匠魂"非常有效。开展"工匠进校园""大师谈职教""北京市劳模工匠进校园"等活动传承工匠精神，建立与大国工匠长期联系机制，邀请名誉杰出校友、北京市劳模、企业首席技师入校指导学生，讲述工匠故事、表达工匠情怀、展示工匠形象，把大师的敬业精神融入教育教学和学生的培养当中，将活动与加强青年学生思想政治工作紧密结合，营造劳动光荣的校园氛围和精益求精的敬业风气。借助"大师工作室"建设平台，将大师所具备的工匠精神特质进行凝练，并固化形成教学理念，在大师培养年轻教师的过程中，通过项目化训练，让年轻教师不断深入认识和优化自身素养，传承工匠精神，激励和引领全校广大师生砥砺奋进、恪尽职守、艰苦奋斗、勇争一流。

五是以人文教育涵养工匠精神。人文教育对塑造"匠技、匠心、匠魂"至关重要，学校通过建设工匠精神体验馆、"匠心湖"，在进行凸显工匠精神的楼宇文化培育，在教学楼、实训楼教室内和学生途经之所融入工匠精神元素，打造沉浸式工匠文化育人阵地，形成学校工匠精神培育文化体系。学校结合高职学生的特点精心打造"职的系列"学生综合素质提升品牌，深入实施"新生引航工程"和"毕业启航工程"，借助五一劳动节、五四青年节、十一国庆节等重大节日，对学生进行"爱党、爱国、爱校、爱职教、爱学习"的宣传教育。评比"校长奖章"、"优良学风班"和"学习之星"，表彰在专业学习、各类技能大赛中名列前茅的学生，树立典型榜样，让严谨笃学、一丝不苟的态度成为学生求学的主流思想。

六是以"五型教师"示范工匠精神。教育者先受教育，培育工匠先培育工匠之师，匠师需有"匠技、匠心、匠魂"，没有匠心育人的教师，就很难培育出能工巧匠、大国工匠。通过对教师开展师德师风专题培训，强化教师的工匠精神，促进教师引导和教育学生成长，成为学生成长的导师；严抓课堂教学质量，打造专业"金课"，提升教师的专业教学能力，让助力学生成才的教师能力出众；开展顶岗实习、下企业实践等活动，培养双师型教师，提升教师传授技能的水平，成为技能传承的工匠师；开展提质培优工程，培养改革创新精神和科创意识，让教师成为技术创新的工程师；开展科普活动和技能培训，培养教师提升服务社会的责任意识，成为服务社会的培训师。通过"学生成长的导师、学生成才的教师、技能传承的工匠师、技术创新的工程师、服务社会的培训师"五型教师，发挥教师的示范作用，潜移默化地影响学生。

五、探索研究新时代高职院校培育工匠精神评价机制

在"七位一体"工匠精神培育体系中，有一条是在以往的工匠精神研究中较少关注的，即工匠精神的评价机制。在以往工匠精神的研究中，理论层面研究或实践经验总结类的研究较多，对工匠精神的体系化培育效果研究和实践较少，因此本项目重点就工匠精神培育的评价机制进行了多次深入的研究讨论，在实践的基础上建立健全培育工匠精神长效保障机制，建立考核标准、评价指标和反馈渠道，及时检验工作成效，跟进存在的问题，全程动态化改进工作，增强工作的科学性和实效性，以闭环且螺旋上升的长效机制护航工匠精神的培育，保障工匠精神培育过程有标准、评价有指标、问题反馈改进有渠道。目前已经设计完成了工匠精神评价机制体系（见图2-4）。

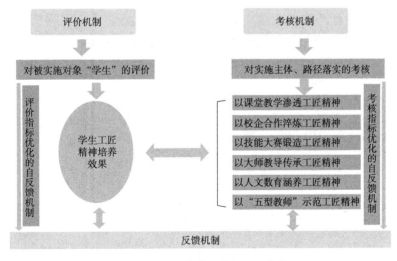

图2-4　工匠精神评价机制示意图

一是建立工匠精神培育的考核机制。考核机制是工匠精神核心要素在培育的各个环节定性和定量检查的标尺，对六条工匠精神培育路径的实施发挥具体的指导作用，是对实施主体、路径落实的考核。

二是建立工匠精神培育的评价机制。评价机制是对工匠精神培育成效的客观评价和呈现，是检验六条工匠精神培育路径以及各个环节培育效果

的指标体系，是对被实施对象"学生"的评价，主要从工匠精神培育对象"学生"的角度进行检验和评价，多维度、动态显示学生所具备的工匠精神的状态，并以量化方式对学生具备的工匠精神的关键点和程度进行呈现，并反映出存在的问题和不足。

三是建立工匠精神培育反馈机制。反馈机制坚持问题导向，是对工匠精神培育过程考核和评价中出现的问题和不足进行分析、查摆原因和及时反馈，是工匠精神培育过程动态化管理和增强时效性的重要措施，反馈问题与提出改进措施同时进行，使工匠精神培育过程形成闭环。

"七位一体"工匠精神培育体系建立后，在北京电子科技职业学院各相关部门、二级学院开展了具体实践，逐步形成了具有职教特色的工匠精神培育方案，取得了实践成果，形成了学校的《工匠精神读本》。《立足职教类型特点，构建"七位一体"工匠精神培育体系》案例荣获北京市职业院校思政和德育工作优秀案例一等奖，建成了工匠馆、匠心湖两个校级工匠精神培育教育基地和 4 个二级学院工匠精神培育教育实践基地，形成"2+4"工匠精神校园文化培育体系案例一套，多所兄弟院校和企业到校学习经验，形成了辐射影响。

第三编

教育实践基地

在当今社会，工匠精神已经成为一种宝贵的品质，它代表着对工作的热爱、对技艺的追求和对品质的坚守。在高职院校发展前行的蓝图里，工匠精神的培养更是校园文化体系建设不可或缺的一部分。

高职院校作为培养技术技能人才的重要基地，其教育目标不仅仅是传授知识和技能，更要培养学生的职业素养和工匠精神。通过这些案例，我们可以看到北京电子科技职业学院作为我国高职院校的头部学校，在学校建设发展理念中，注重实现将工匠精神融入空间设计、文化理念、课程设置、实践教学、专业建设等各个环节，实现了让学生在校园中感受工匠精神的价值和意义这一根本目标。

北京电子科技职业学院开展的工匠精神培育校园文化体系建设，极具代表性、典型性、开创性和领先性。这些案例不仅展示了该校在工匠精神培育过程中的优秀表现，更体现了高职院校培育工匠精神取得的成果。通过这些案例，我们可以看到该校在培养学生工匠精神方面的努力和成效，也可以为其他高职院校提供有益的借鉴和参考。

北京电子科技职业学院工匠馆

中华民族是勤于劳动、善于创造的民族。正是因为劳动创造，我们拥有了辉煌的历史；也正是因为劳动创造，我们拥有了绵绵五千年的成就。

习近平总书记指出，要加快构建现代职业教育体系，培养更多高素质技术技能人才、能工巧匠、大国工匠。我国目前有万余所职业院校、三千多万在校生，职业教育在人才培养规模上已占我国高等教育的"半壁江山"。培养学生的工匠精神，为职业教育学生扣好成长为能工巧匠、大国工匠的第一粒扣子，是工匠馆建设的初衷和目标。

《孟子》云："大匠诲人，必以规矩。"国之重器，始于匠心，惟匠心以致远。工匠精神是中华民族宝贵的精神财富，是新时代的精神指引，是中国共产党人精神谱系的重要组成部分。习近平总书记在 2020 年全国劳动模范和先进工作者表彰大会上精辟概括了工匠精神的深刻内涵——执着专注、精益求精、一丝不苟、追求卓越。

从传统到现代，无论时间怎样变迁，工匠精神始终如一。北京电子科技职业学院工匠馆以序厅、工艺传承、大国工匠、匠心筑梦、尾厅等几个部分，集中展示"择一事终一生"的执着专注，"干一行钻一行"的精益求精，"偏毫厘不敢安"的一丝不苟，"千万锤成一器"的卓越追求。

习近平总书记讲过："如果没有中华五千年文明，哪里有什么中国特色？如果不是中国特色，哪有我们今天这么成功的中国特色社会主义道路？"对历史最好的继承，就是创造新的历史。《礼记·考工记》记载："知得创物，巧者述之守之，世谓之工。"传承展厅以 11 幅传统卷轴古画展示中国古代工匠的代表人物和经典范例（图 3-1），凸显工艺传承和文化自信。他们以精雕细琢、精益求精的精神，倾注毕生精力，大到一项工程，小至一个器具，不仅仅是对工艺的追求，更有济世情怀。

中国建筑最为著名的榫卯结构（图 3-2）是一种以木材、砖石为主，

图 3-1　工匠馆场景

凹凸结合的连接方式。凸出部分叫榫（或榫头）；凹进部分叫卯（或榫眼、榫槽），榫和卯咬合，起到连接作用。工匠馆展示了始建于辽清宁二年（1056 年）的释迦塔，现称应县木塔，这是世界上现存最古老最高大之木塔。永乐二十一年（1423 年），明成祖率军出师宣化，给予南侵的鞑靼、瓦剌部以有力回击。回京途中，驻跸应州，明成祖挥笔书写了"峻极神工"四字。应县木塔是屹立千年的中国古代建筑的经典。馆内还有一些基本榫卯结构示意摆件，学生可动手实际拆装，感受中国传统建筑的巧妙设计。

图 3-2　工匠馆展品一：榫卯结构

　　工匠馆中还展示了指南车的模型（图3-3）。相传在上古时代，黄帝与蚩尤大战于逐鹿。由于连日大雾，双方军队搅在一起，陷入重重困境，无法辨别敌友与方向。黄帝利用指南车的引导，成功使军队重新集结在一起，免于迷失在大雾中，并一举打败了敌人。当然，这只是一个传说，比较可靠的说法应该是三国时代魏国的马钧，利用齿轮转动的机械原理发明了指南车。指南车内由多个齿轮组成，当车子直行时，两个车轮同时转动，大齿轮就不动了；当车子转弯时，车轮一个动一个不动，大齿轮便随之转动，因此车上的木人可以固定指南。

图3-3　工匠馆展品二：指南车及《天工开物》

　　中国古典文学中的四大名著非常知名，但显为人知的是，在明代同样有四大科技名著，即《本草纲目》《农政全书》《徐霞客游记》《天工开物》。这四部书可谓集中国传统农耕文化之大成。其中，《天工开物》是世界上第一部关于农业和手工业生产的综合性著作，是中国古代一部综合性的科学技术著作，外国学者称它为"中国17世纪的工艺百科全书"。该书由宋应星初刊于1637年（明崇祯十年丁丑），共三卷十八篇，全书收录了农业、手工业，包括机械、砖瓦、陶瓷、硫黄、烛、纸、兵器、火药、纺织、染色、制盐、采煤、榨油等生产技术。《天工开物》的经典之处在于记述了工农业生产中许多先进的科技成果。书中用技术数据给以定量的描述，显露出先进的科学思想和理论阐述，注重引入理论概念，而非单纯技术描述。

图 3-4　工匠馆展品三：古代巨匠鲁班与墨子

展馆还有一个雕塑展品，讲述的是两大古代巨匠的对决故事（图 3-4）。根据《墨子·公输》记载，公元前 440 年前后，楚国准备攻打宋国，请著名工匠鲁班制造攻城的云梯等器械。墨子听到这一消息后非常着急，一面安排大弟子禽滑厘带领三百名精壮弟子帮助宋国守城，一面亲自出马劝阻楚王。

墨子日夜兼程到达楚国都城郢（今湖北的宣城），先找到鲁班，以"义不杀少而杀众，不可谓知类"劝他停止制造攻宋的武器；又劝说楚王如攻宋，一定会丧失道义，一定会失败。楚王借鲁班已造好攻城器械为由，拒绝了墨子的请求。墨子于是用腰带模拟城墙，以木片表示各种器械，同鲁班演习各种攻守战阵。鲁班组织了九次进攻，结果都被墨子击破。最终，楚王放弃了攻打宋国的计划，这就是"墨翟陈辞，止楚攻宋"的典故。

国之重器，始于匠心，惟匠心以致远。大国精神时代巨匠展厅，展示的是新中国成立以来，各行业的大国工匠，展示他们的精湛技艺和对工匠精神的继承与发扬（图 3-5）。

一代代劳动者对工匠精神的继承与发扬，使中国从一个基础薄弱、工业水平落后的国家，成长为世界制造大国。伟大的时代需要伟大的工程，伟大的工程需要伟大精神的支撑和引领。随着中国制造业的全面崛起，肇端于手工业实践的工匠精神，在现代社会文明进程中彰显出跨越时空的深厚意蕴。

在这里举一个例子：1953 年，年仅 20 岁的倪志福只是北京永定机械

图 3-5　工匠馆展品四：各行业大国工匠

厂的普通钳工。当时厂里接到一件颇为棘手的工作——修补抗美援朝战争中破损的装甲车。其中最难的是为"苏-76"自行炮车的终减速外壳（高锰防弹钢）钻孔。这种钢硬度高，强度大，标准麻花钻头要钻半天才能打通一个眼，而且还磨损了许多钻头。当时还只是一个二级工的倪志福用标准钻头打眼，一天竟烧坏了12支钻头，效率很低。当时厂里正在推广苏联席洛夫钻头。盛夏之夜，闷热难耐，为革新钻头急得吃不下饭、睡不好觉的倪志福，也试制了一把席洛夫钻头，一上机试车，新钻头刚打了一个眼就磨损了。他拿着磨损的钻头，借着灯光翻过来倒过去地仔细琢磨，发现每个用过的钻头的钻心部分外缘转角处都烧坏了。于是，一个大胆的设想诞生了：磨损和烧坏的部分不正是钻头的薄弱环节吗？如果把钻头的薄弱点攻下来，它不就成为一把无坚不摧的"金刚钻"了吗？于是他拿起一个磨损的钻头，用砂轮把磨损的部位磨成三个尖、七个刃的形状，用这把钻头连夜干了起来，奇迹发生了，效率提高了，新钻头获得了成功。这种钻头后来被命名为"倪志福钻头"。

　　工匠馆主展厅选取了学校中的四个专业，集中展示习近平总书记对工匠精神的阐释。在立柱上，雕刻的是"执着专注，精益求精，一丝不苟，卓越追求"的工匠精神（图3-6）。

　　"择一事终一生"的执着专注，选取了艺术设计学院景泰蓝制作大师的传承工艺（图3-7）——铜胎掐丝珐琅工艺。这种工艺又名"景泰蓝"，因其制作技艺成熟于中国明代景泰年间而得此名。经过几百年的发展，景泰蓝

图 3-6　工匠馆展品五：主展厅

已成为国粹，并被列入首批国家级非物质文化遗产名录。景泰蓝制作分为制胎、掐丝、烧焊、点药、烧蓝、磨光和点金等七大工序。展厅中展示了各阶段制作的样品。

图 3-7　工匠馆展品六：景泰蓝工艺

"干一行钻一行"的精益求精，选择的是机电工程学院焊接工艺，代表是国宝级的焊接大师高凤林。高凤林是全国五一劳动奖章获得者，全国国防科技工业系统劳动模范，全国道德模范，全国技术能手，首次月球探测工程突出贡献者，中华技能大奖获得者，中国质量奖获奖者，目前是中国航天科技集团有限公司第一研究院 211 厂特种熔融焊接特级技师，被称为焊接火箭"心脏"的"中国第一人"。学校的不少毕业生都在航天科工集团工作，有一些就在高凤林身边，跟随他共同铸就大国重器。这里展示的"天宫一号"和"长征三号"（图 3-8）模型都是由毕业生捐赠给学校的。

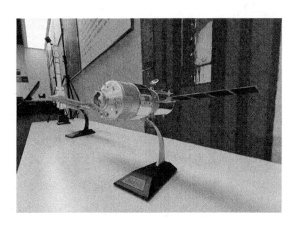

图 3-8　工匠馆展品七："天宫一号"和"长征三号"模型

　　"千万锤成一器"的卓越追求，选取的是汽车工程学院的红旗轿车（图 3-9）。如果有一辆轿车能够赢得整个民族的骄傲，能够承载整个民族的情感，能够牵动整个民族的关注，那么它只能是"红旗"。1953 年，在长春市郊的一片荒地上，第一汽车制造厂举行了奠基典礼，来自 26 个省市的数万名建设者汇聚到了这里。毛泽东亲自为"一汽"奠基题词。经过三年的艰苦奋斗，1956 年 7 月 13 日，新中国的第一辆汽车——解放牌汽车试制成功。1958 年 2 月 13 日，毛主席到"一汽"视察时，兴致勃勃地指着工作台上的零件一一询问。在参观快结束的时候，毛主席感慨地问，什么时候能坐上我们自己的小轿车呢？

图 3-9　工匠馆展品八：红旗轿车

1958 年 5 月 12 日，中国第一辆轿车——东风牌轿车驶出车间。毛泽东和林伯渠在中南海怀仁堂后花园，乘坐这辆轿车缓缓行驶两周，毛泽东高兴地说："好啊，坐上我们自己的小轿车了。"但东风汽车的尺寸相对较小，后来经过"一汽"党委的集体讨论，一致认为绝不能让身材伟岸的毛主席在车里坐着受委屈，就这样，高档红旗轿车应运而生。面对困难，"一汽"先后成立了 28 个突击队，突击各个难点部位，几千张的图纸铺满了整个地面。从设计图纸到完成样车仅仅用了 33 天，整车都用锤子敲打，硬是把整个车身给敲了出来，成就了"千万锤成一器"的卓越追求。

"偏毫厘不敢安"的一丝不苟精神，选取航空工程学院的飞机元素（图 3-10）。让中国的大飞机翱翔蓝天，承载着国家意志、民族梦想和人民期盼。C919 大飞机是中国按照国际民航规章自行研制、具有自主知识产权的大型喷气式民用飞机，构建了以中国商飞为核心，联合航空工业、辐射全国、面向全球的供应链体系，培育形成了"航空强国、四个长期、永不放弃"的大飞机创业精神。特别是"长期奋斗、长期攻关、长期吃苦、长期奉献"这四个"长期"，是在伟大实践中孕育伟大精神的基础和源泉。

图 3-10　工匠馆展品九：C919 大飞机模拟器

工匠馆的最后一个展厅是匠心筑梦、技能报国展厅（图 3-11）。匠心筑梦，是在科技革命和产业变革大潮下，逐浪拼搏、攻坚克难的决心。技能报国，是大国工匠用精湛技能、宝贵品格，以蓬勃向上的朝气，汇聚建设民族复兴的磅礴力量。他们用锻造大国重器的气度，领跑中国速度；用钻研微米发丝的执着，创造中国精度；用不惧雷霆万钧的胆识，创造中国力度；用征服山巅宇宙的豪迈，创造中国高度。他们以锐意创新的勇气、敢为人先的锐气，肩负起现代化建设新使命，创造高质量发展新奇迹。

图3-11　工匠馆展品十：科技革命展示

人民创造历史，劳动开创未来。习近平总书记多次强调，要大力弘扬劳模精神、劳动精神、工匠精神。在展厅的最后，再一次将这三种精神向学习实践者展示，以新中国成立以来典型劳模事迹，讲述新中国自强不息的奋斗历程（图3-12）。2023年是铁人王进喜的百岁诞辰，在新中国成立十周年的时候，王进喜作为玉门油矿的代表、"钻井明星"，成为全国劳模。

他在参加北京劳模会时，看到北京公共汽车都背着一个大气包，靠煤气驱动，于是潸然落泪，认为自己采的油太少了，不配成为劳模。于是，他很快返回了玉门，随后去了大庆，留下了"宁肯少活20年，拼命也要拿下大油田"的豪迈口号。1970年，47岁的"铁人"倒在了他一生为之奋斗的油田上。

图 3-12 工匠馆展品十一：劳模精神

在工匠馆的尾厅展示的是北京电子科技职业学院多年来在日常教育教学中对工匠精神培养的经验做法。学校将工匠精神的核心素养整理为匠心、匠技、匠魂三个方面 18 项指标，确定了 6 条培育践行途径，即以"课堂教学"渗透工匠精神、以"校企合作"淬炼工匠精神、以"技能大赛"锻造工匠精神、以"大师教导"传承工匠精神、以"人文教育"涵养工匠精神、以"五型教师"示范工匠精神（图 3-13）。

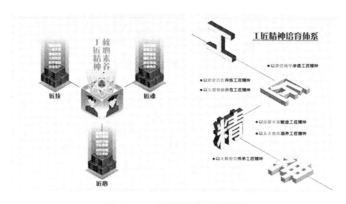

图 3-13 工匠精神培育体系

奋进新征程、建功新时代。2023 年是北京电子科技职业学院建校 65 周年，学校将继续培育践行追求卓越的工匠精神，与"劳动光荣、创造伟大"的时代乐章同频共振，奏响"匠心追梦、技能报国"的时代强音，向着第二个百年奋斗目标奋勇前进。

北京电子科技职业学院匠心湖

2022年10月，匠心湖顺利建成，打造了弘扬工匠精神的又一个主阵地，为北京电子科技职业学院（下简称"电科"）校园增添了一道靓丽的风景线。匠心湖的设计理念恰如其名，融入了丰富的工匠精神元素，就地取材、因势而建，把工匠精神的内涵全面渗透到景观建设之中，可视、可感、可用，让学生时刻感受到工匠精神文化的浸染（图3-14）。

图3-14　匠心湖全景

臻于至善，匠心筑梦。匠心湖面积约4 500平方米，蓄水量约5 000立方米，自西向东营造了泉、溪、潭、湖、池、瀑等丰富的水景类型（图3-15、图3-16、图3-17、图3-18）。其平面形态宛若一幅中国地图，象征着电科人胸怀祖国、扎根中国大地办高职的情怀担当和电科学子立志技能报国的信念追求；湖面环抱北侧的两架教学用飞机，远处望去恰似从湖畔凌波起飞，寓意学校在新征程新起点翱翔腾飞；西北角的水源处设有"七星泉"（图3-19），北斗七星的图案代表学校的七大专业群；湖面架设名为"科学""艺术""工程""设计"的四座桥梁，代表人类文明的主要智识领域（图3-20）；主湖东侧的最大岛屿名为"秘语岛"，设计灵感来自代表现代通信工程专业的莫尔斯电码；秘语岛南侧高耸的镜面建筑名为"展翅亭"（图3-21），寄喻青年学子面向碧水蓝天展翅高飞；主湖周边环绕匠心石、匠心亭和代表工匠精神的名言语录，充分营造出匠心育人的氛围；西南入口处，一道沿着海棠林长约40米的弧形钢板挡墙映入眼帘，上面用铁艺镂空文字展示着学校的发展历程，并将持续记录学校未来前进的坚定步伐。

图3-15　匠心湖景一

图3-16　匠心湖景二

图 3-17 匠心湖景三

图 3-18 匠心湖景四

图 3-19 匠心湖景五

图 3-20　匠心湖景六

图 3-21　匠心湖景七

　　细处着眼，暖心守梦。匠心湖的设计遵循"以人为本"的理念，为全校师生提供了一处风景宜人的亲水活动空间及休闲交流场所。西北角的水源顺溪南下进入"工程桥"下的水潭，再通过"水汀步溢"流进主湖，扶栏俯瞰，桥下的潺潺流水与蓝天白云绿地相映成趣，一幅灵动的画面尽收眼底。主湖中心设置了一个小型喷泉（图 3-22），由中心水柱和外围两圈水流组成一个"大花篮"，为整个人工湖增添了许多生机与活力。东侧水花园精致温馨，可为师生提供静谧开放的学习交流空间。主湖南侧小型台阶剧场面湖而建，可供师生举办户外文化娱乐活动。水系景观可以缓解内涝问题，提升雨洪管理能力，同时弧形落瀑与七星泉净化水体，供水鸟游禽栖息，打造出既传承文化，又彰显匠心，兼具美感与实用性的绿色宜居校园环境（图 3-23）。

图 3-22 匠心湖景八

图 3-23 匠心湖景九

笃行致远，初心追梦。建设匠心湖，是全校师生员工多年来的心愿和期盼。项目建设方案在专业机构设计和专家指导的基础上，广泛征求师生代表的意见和建议，凝聚共识和智慧，科学利用人工防汛蓄洪工程，把匠心湖项目打造成启智润心、质量过硬、师生满意、经得起检验的精品工程。

非遗文化党建传承实践基地

一、基本情况

非遗文化党建传承实践基地位于北京电子科技职业学院艺术设计学院，作为教育部批准的"国家级职业教育民族文化传承与创新专业教学资源库"建设主持单位，坚持深入学习贯彻习近平新时代中国特色社会主义思想、北京市推进全国文化中心建设中长期规划以及高校服务北京"四个中心"建设的使命和任务，从 2013 年开始以景泰蓝、民间剪纸等北京地区典型的民族传统美术与技艺项目作为课程教学载体，在教育教学改革中不断探索对中国传统文化的传承与创新，培养高素质的艺术设计人才，助力北京的"全国文化中心"建设。2022 年，学校开始整合非遗艺术教育教学资源进行规划和建设，以"艺心向党 匠心传承"为主题，以国家级非物质文化遗产景泰蓝、蓝印花布、民间剪纸、书法等主要非遗技艺，精心打造"非遗文化党建传承实践基地"，实现"知、观、品、动"四项教学功能，不断推动工匠精神的生动实践、落地生根。

"知"，即感知感悟新思想和文化，主要涵盖习近平新时代中国特色社会主义思想中关于文化的重要论述和中华优秀传统文化。教学点开设"深刻领会习近平新时代中国特色社会主义思想关于文化的重要论述""中华文化与中国精神""构建红色基因元素谱系图"等主题系列讲座；"非物质文化遗产概论""中国纹样"等系列非遗课程；"坚定文化自信 弘扬工匠精神——传承与创新北京景泰蓝艺术"等微课；"匠人匠心——'燕京八绝'之首景泰蓝"等央视科教系列视频，通过系统课程渗透工匠精神。

"观"，即参观非遗文化党建作品展，主要有北京景泰蓝、蓝印花布、剪纸、书法等非遗文化艺术党建作品。展区分为三大区域，主要展现师生以党史、党的二十大精神等为主要内容设计创作的蓝印花布画、剪纸、书法、绘画等共计百余件作品，作品或展现党史人物、故事，或承载习近平新时代中国特色社会主义思想的具体内容、党的精神谱系及文化元素。如学校技能技术大师工作室负责人北京工艺美术大师丁晓飞制作的中国航母辽宁舰的景泰蓝舰徽、岳鹏副教授绘画的《红船》《遵义会议》，王明杰教授制作的蓝印花布画《开国大典》，胡明强博士书法作品《咬定青山不放松》，学生剪纸《光盘行动》《节约粮食》。学生可以通过近距离观看，感受工匠精神的具体内涵（图3-24、图3-25为蓝印花布和景泰蓝主题展品，图3-26为学生在进行艺术创作体验）。

图3-24　展区东门（蓝印花布系列）

图3-25　展区（景泰蓝系列）

图 3-26　学员在展区刻剪纸作品

"品"，即品读党建和非遗文化书籍。主要是习近平新时代中国特色社会主义思想读本以及非物质文化遗产相关书籍及影视作品赏析。该教学点利用声光电虚拟仿真新媒体技术，沉浸式品读党的创新理论和非遗文化书籍及影视作品，以及由学院李宙老师为《金刚川》《万里归途》等多部爱国主义教育影片进行文艺形象设计的创作作品及故事，开展浸润式团体研讨，体会党建文化与非遗文化中工匠精神的融合（图 3-27）。

图 3-27　国家级民族文化教学资源库教育教学成果展厅

"动"，即动手学习体验非遗技术技能。该教学点进行景泰蓝、剪纸、书法、美术、蓝印花布等实地动手体验。由北京电子科技职业学院艺术设计学院毕业于清华美院、中央美院、中国艺术研究院、中央美术学院的北京工艺美术大师、博士硕士等专业教师团队进行授课和指导。教学点还建有钟连盛技能大师工作室、蓝印花布工作室和花丝镶嵌培训基地，师资水平高，教学设备齐全，可以开展景泰蓝、蓝印花布等非遗技艺的实景实地动手体验，使师生能亲身感受非遗技能，在大师的教导中传承工匠精神，创作精美艺术作品（图3-28、图3-29为基地开展实践活动实况）。

图3-28　蓝印花布工作室开展手工艺传统手作公益培训

图3-29　丁晓飞大师给学员演示景泰蓝的"点蓝"技艺

二、育人实效

（一）实景体验新时代工匠精神

该实践基地按照习近平总书记提出的发展中国特色社会主义文化的

"六大"核心理念和"五大"基本方略进行规划和建设，尤其是围绕习近平总书记要"繁荣文艺创作，坚持思想精深，艺术精湛、制作精良相统一"；要"在实践创造中进行文化创造，在历史进步中实现文化进步"等创新性观点进行非遗艺术品的创作和展示。该实践基地以"艺心向党匠心传承"为主题，展现了北京景泰蓝、蓝印花布、剪纸、书法、绘画等主要非遗技艺所展现的匠人匠心、专注执着、精益求精的工匠精神，展现出思想精深、艺术精湛、制作精良的中华优秀传统文化艺术作品的文化力量。

（二）切实增强新时代文化自信

通过参观非遗文化历史、党建作品，学习体验非遗技艺，师生能深刻感受到中华非物质文化遗产传承千百年，是绵延不息的中华文明、匠人匠心的传统技艺和祖祖辈辈的智慧结晶，能更加深刻地认识到"中华民族在几千年的历史中创造和延续的中华优秀传统文化，是中华民族的根和魂"，尤其是看到北京景泰蓝在新时代经常作为"国礼"在大国外交中展现出传播中华文化、中国精神的重要作用，民族文化自豪感，弘扬中华优秀传统文化及技艺的责任感、使命感会明显增强，文化自信进一步增强，中华文化立场更加坚定，坚持中国特色社会主义文化发展道路，推动社会主义文化繁荣兴盛，建设社会主义文化强国的信心更加坚定。

"航空专业群精神"党员教育实践基地

一、基地情况

为深入贯彻习近平新时代中国特色社会主义思想以及习近平总书记对职业教育工作的重要指示精神，服务首都航空航天产业，深挖职教内涵，激活工匠基因，北京电子科技职业学院航空工程学院打造"航空专业群精神"党员学习教育实践基地，以实物、实景、实例、实事为载体，深入挖掘中国共产党红色航空历史的教育意义，大力弘扬新时代航空航天工匠、劳模对党忠诚、爱国奉献的家国情怀，充分发挥学校航空专业群"干事创业敢担当、争先创优促发展"的榜样作用，打造以红色航空历史为主题的寓教于"理"、寓教于"行"、寓教于"乐"的沉浸式红色研学新模式，用红色基因擦亮职教底色，用工匠精神点亮多彩人生。

该实践基地主要设置以下项目：

航空报国红色党课。以波音 737-300 飞机仓为理论学习场地，在机舱内开展"首都航空发展与我们的奋斗"这一"访谈式"党课，接受"以学铸魂"的红色洗礼。

航空报国视频演播。展示航空工程学院党总支和党员为建设航空专业群"从 0 到 1"主动攻坚克难和善于作为的奋斗故事，聆听"以学增智"的奋斗事迹。

漫步航空发展长廊。在模拟飞行虚拟仿真实训室，亲身体验飞行乐趣，感受高质量党建引领推进航空职业教育"一融双高"的革新发展。

开放航空"网红"舱。现场制作飞行器，在传承工匠精神的同时，以红色闯关体验的方式，回顾抗美援朝中王牌空军"王海大队"的英雄事迹，提供沉浸式的红色学习体验。

图 3-30、图 3-31、图 3-32、图 3-33、图 3-34 为基地开展的教育实践活动实况。

图 3-30　波音 737-300 飞机、多尼尔 328-300 飞机航线维护实训基地

图 3-31　"红色 1+1" 共建村的村民入校参观教育实践基地

图 3-32　模拟飞行虚拟仿真实训室体验飞行乐趣

图 3-33　体验航空"网红"舱（一）

图 3-34　体验航空"网红"舱（二）

二、育人实效

"航空专业群精神"党员教育实践基地以红色机翼贯穿党领导航空事业迈向中国式现代化的百年征程，挖掘习近平新时代中国特色社会主义思想内涵，以航空报国红色党课、视频演播、声光互动、动手体验等形式，展示中国共产党人保卫祖国蓝天，矢志践行初心使命的坚定意志。实践基地通过声光电技术、投影视频等手段，再现中国共产党红色航空历史、新时代空天工匠、劳模对党忠诚、爱国奉献的家国情怀，学校航空专业群"干事创业敢担当、争先创优促发展"的先进事迹。以沉浸式体验空间，为广大师生补足"精神之钙"，为职教学子的工匠素养"强筋壮骨"，成为党员干部加强党性锻炼的重要基地，成为广大干部群众培养爱国情感、培育工匠精神的重要场所，成为青年学生学习革命传统、陶冶道德情操的重要课堂。党员实践教育基地开放以来，共 3 万余人次参观学习，接待各级领导、来宾 6 000 余人，成为学习贯彻习近平总书记重要指示批示精神、弘扬"航空精神"、传承"工匠精神"的重要教育基地。

集成电路教育实践基地

一、基地情况

"芯"征程——集成电路教育实践基地是北京电子科技职业学院投资1 500余万元,与亦庄设计龙头企业——集创北方校企共建而成的。基地占地400余平方米,分为中国集成电路发展展区、集成电路技术科普展区、集成电路封测创新应用平台、基层党建成果展区。各展区利用影像、声音、灯光等各类载体和介质,打造了声光电一体化的教育基地。

该基地主要设置以下项目:

了解集成电路发展史。教育实践基地入口设有20平方米的大屏幕,通过视频介绍中国集成电路发展简史,让参观者了解我国集成电路从无到有的发展历程,尤其是近20年,我国集成电路迅猛发展所取得的辉煌成绩。

创新应用平台。步入参观通道是集成电路封测创新应用平台,这是校企共建经开区中试基地,是经开区公共技术服务平台,校企联合培养集成电路封测工程师,并且每年提供不少于1亿片的芯片测试服务。该创新平台拥有15条测试线,全部是国产设备,实现完全自主可控(图3-35)。

图3-35 集成电路封测创新平台全貌

集成电路科普展示。在大厅利用声光电进行集成电路科普展示，介绍集成电路的基本概念、集成电路分类和集成电路应用，通过视频和实物展示，让参观者了解集成电路的设计制作全过程（图3-36、图3-37）。

图3-36　集成电路发展展区

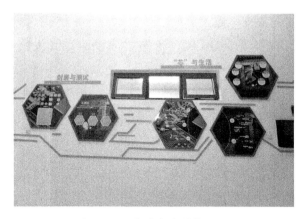

图3-37　集成电路科普展区

党建成果展览。在通道的最后是基层党建成果展区（图3-38、图3-39），介绍电信工程学院党总支积极践行习近平新时代中国特色社会主义思想，落实立德树人根本任务，将党建融入事业发展中，开展校企联合培养人才、岗课赛证一体化建设等活动，在学生技能大赛、教师能力竞赛、工匠精神培育等各个方面取得的不俗成绩。

图 3-38 基层党建成果展区

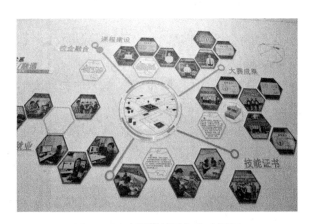

图 3-39 工匠精神融入专业展区

二、育人实效

集成电路——大国技术崛起之路，是支撑国家经济社会发展和保障国家安全的战略性、基础性和先导性产业。习近平总书记曾做出重要指示：核心技术是国之重器，最关键最核心技术要立足自主创新、自立自强。学校党委积极深入挖掘专业中蕴含的习近平新时代中国特色社会主义思想，以集成电路"芯"征程贯穿中国集成电路发展历程，点亮职教人的工匠、创新情怀，着力打造习近平新时代中国特色社会主义思想在京华大地的生动实践。

在集成电路发展展区"学思想"：学生可以全面学习领会习近平新时代中国特色社会主义思想这一世界观、方法论，传承新时代工匠精神。这一展区充分地展示了我国集成电路先驱者艰苦奋斗、勇攀高峰、为国奉献的精神。

在集成电路科普展区"强党性"：引导学生自觉用习近平新时代中国特色社会主义思想改造世界，体验集成电路给人类世界带来的巨大改变。这一展区旨在强化青年技术人才的报国之志。

在集成电路封测应用创新平台"重实践"：自觉践行习近平新时代中国特色社会主义思想，推动事业发展，在集成电路自主可控发展的道路上产教融合，在集成电路人才培养和集成电路封测发展上做出职教人的贡献。

在基层党建成果展区"建新功"：从习近平新时代中国特色社会主义思想中汲取奋发进取的智慧和力量，立足本职岗位，打造集成电路人才培养工程和岗课赛证建设工作，在技能竞赛、人才培养、服务区域经济发展等方面做出贡献。

"蓝新慧制" 汽车工匠学院

一、基地情况

北京电子科技职业学院汽车工程学院党总支深入贯彻落实习近平总书记对职业教育的重要论述以及针对北京的一系列重要讲话精神，多年来立足北京经济技术开发区，以服务高端智能制造装备产业为己任，深耕国际化校企合作办学，整合多项资源优势，倾心打造"蓝新慧制"汽车工匠学院，多年来为首都经济建设，特别是汽车产业发展培养了大批技术技能型人才，打造了中国式职业教育标杆。

（一）"蓝新慧制"的主要含义

蓝：学校的主色调，电科蓝；新：以自强不息开拓创新为己任；慧：以智慧智能引领未来发展；制：制造业的核心地位。

（二）教学点主要组成部分

（1）戴姆勒集团在学校成立了德国境外唯一的戴姆勒中国汽车学院，综合培养汽车行业售前和售后人才，2014 年成为北京高校青年教师社会实践基地。

（2）北京市"特高计划"建设项目，北京奔驰汽车制造工程师学院，汽车制造与装配技术中国特色高水平专业群。

（3）北京市工人先锋号，北京市教育工会专业院校教职工职业发展助推试点项目汽车智能制造工匠学院。

（4）ST 大学生车队"赛车工坊"，中国科学技术协会"学风传承示范基地"。

（5）赵郁"技能大师工作室"。

（6）汽车人精神党员教育实践基地（图 3-40）。

图 3-40 汽车人精神党员教育实践基地

（三）学习内容

（1）在戴姆勒中国汽车学院参观学习国际化双元制职业教育的先进做法。

（2）在"赛车工坊"学风传承示范基地学习大学生自制赛车精益求精的工匠精神，体验各年龄段"小小工匠"职业教育启蒙教育。

（3）在 MPS 精益生产培训中心，体验以客户需求为拉动，以消除浪费和不断改善为核心，以全新的生产管理模式，使公司以最少的投入获得运作效益的显著改善。

（4）在北京奔驰汽车制造工程师学院、汽车智能制造工匠学院学习智能制造先进工艺，近距离了解汽车内部构造，发动机内部结构等。赵郁大师工作室，学习技能大师对工作的执着专注、追求卓越的工匠精神（图 3-41）。

图 3-41 赵郁"技能大师工作室"

（5）在汽车人精神党员教育实践基地，学习新中国汽车人自强不息、开拓创新的伟大精神。

二、育人实效

习近平总书记指出，职业教育"前途广阔、大有可为"。职业教育是国家培养高素质技能型人才的基础工程，是广大青年成才的重要途径。"蓝新慧制"汽车工匠学院立足北京经济技术开发区，坚持党建引领事业发展，职教助力首都经济，以服务高端智能制造装备产业为己任，深耕国际化校企合作办学，打造中国式职业教育标杆。多年来，学院承担起为党育人、为国育才的使命，为首都经济建设，特别是汽车产业发展培养了大批技术技能型人才。学院按照"固本强基、守正创新"的工作做法，铸就基层党建引领事业发展的"红色引擎"，努力打造人才培养、服务社会的"金色标杆"。党总支坚持"党的一切工作到支部"的方针，紧密结合教育教学中心工作，抓实规范、激发活力，促进基层党支部全面进步、全面过硬。基层支部党员凝聚起推动事业发展的强大动力，先后获得北京高校先进党组织、全国党建"双创"样板支部的荣誉。立足新发展阶段，学院聚焦职业教育产教融合的特点，通过建立校企支部"共建"机制，织密织牢党建网络，延伸党建触角，"校企合作开展到哪里，支部共建就跟进到哪里"，在北京经济技术开发区已经形成"校企合作最早、持续时间最长、校企合作内涵最丰富、校企合作机制建设最完备"的"三最"典范，润物无声地传递"执着专注、精益求精、一丝不苟、追求卓越"的工匠精神，校企合作、产教融合的模式不断在全国各地被复制，落地生根、开花结果，成为引领事业发展的"金色"名片。中国式现代化需要职业教育，"蓝新慧制"汽车工匠学院，一直在努力提高学生适应产业升级和技术变迁的能力，新征程上涌现出吕江毅（教育部课程思政教学名师）、李金义（教育部双带头人教师党支部书记）、张华磊（北京高校育人榜样）等诸多优秀教师，他们正在把习近平总书记对职业教育"前途广阔、大有可为"的殷殷嘱托在京华大地上形成生动实践。2023年4月，教育部党组书记、部长怀进鹏率调研组一行莅临学校考察调研，对取得的办学成效给予了充分肯定。

结束语

翻阅完这一组生动的案例，我们不禁要为北京电子科技职业学院师生在工匠精神培育校园文化体系实践中的付出与收获而点赞。这些案例不仅仅是对知识和技能的传授，更是对极具中国特色的工匠精神的传承和弘扬。

工匠精神是职业人对技艺的敬畏，对品质的锤炼，对创新的追求。在北京电子科技职业学院工匠精神培育校园文化体系建设过程中，我们看到了这种精神的种子正在生根发芽，茁壮成长。每一个案例，都是对工匠精神的诠释和践行，都是对卓越品质的追求和发扬。

这些案例的背后，是学校师生勤于付出和甘于奉献的写照。他们用实际行动诠释了工匠精神的内涵和价值，也为我们提供了一种全新的教育视角和思考方式。

当然，工匠精神的培养并非一蹴而就，它需要持之以恒、坚持不懈地努力。希望这些案例能够激发更多的人去关注和思考工匠精神，去践行和弘扬工匠精神。愿工匠精神在职业教育的热土上生根发芽，开花结果；愿每一位学生都能在工匠精神的熏陶下，成为具有卓越品质的技术技能人才，为社会的进步和发展做出更大的贡献。

第四编

典型实践案例

党建 4L 筑匠心 引领智建向未来

机电工程学院智能建筑技术系党支部

一、工作思路

智能建筑技术系党支部全面贯彻落实习近平新时代中国特色社会主义思想、党的二十大精神、新职教法精神，始终秉承"党建铸魂，匠心筑家"的理念，坚持立德树人，弘扬工匠精神，实施党建引领育人、党建引领教改、党建引领管理、党建引领创新，打造"4L（leading）引领"特色党建工作品牌，有效提升基层党组织的组织力，突出政治功能，发挥党支部战斗堡垒作用，以高质量党建引领事业高质量发展，实现党建4L筑匠心，引领智建向未来。

二、主要做法

（一）党建 1L——党建引领育人

一是实施课程思政铸魂。党支部系统地组织课程思政集体备研（图4-1），扩大课程思政覆盖面，提高教师开展思政教育融入课程的能力，实现了课程思政人人过关的目标。二是实施"四个一"育人计划。每名党员教师兼任一个班级的班主任，对口指导一个专业学生技能比赛或一个学生创业项目；以科研课题为依托，组建一支学生创新团队，培养学生的工匠精神和创新精神。三是实施"导师制"育人机制。与学生建立一对一"导师制"的培养育人机制（图4-2）；与学生零距离交流，深入了解学生的思想动态、察觉学生的困难、挖掘学生的潜力，提升思想政治教育的亲和力和针对性，满足学生成长发展需求和期待。

（二）党建 2L——党建引领教改

一是校企支部共建培育工匠精神。与国家游泳中心（水立方）以及捷

图 4-1　开展集体备研会活动

图 4-2　开展第二课堂活动

通智慧科技开展"红色1+1"党支部共建活动，充分融合校企双方的教学资源、实训与培训资源，共同开发课程项目、编写新形态教材，在校企合作中培育工匠精神，共育技能人才（图 4-3）。2022 年，支部共建荣获北京市优秀奖。二是培育课程改革中的工匠精神。基于支部参加教学能力大赛的良好基础和丰富经验，继续以教学能力大赛为抓手，开发课程资源，精雕细琢、精益求精地建设课程。支部参加教学能力大赛共获得国赛一等奖1项，二等奖2项（图4-4）。

图4-3　开展支部共建活动

图4-4　参加教学能力大赛

（三）党建3L——党建引领管理

一是坚持"每周一会"制度。党支部书记与系主任每周至少召开1次系务会，研究安排部署系部各项工作，将党建工作和中心工作"同布置、同落实、同考核"，发挥党建牵引带动作用，以精益求精的工匠精神完成各项重点工作（图4-5）。二是加强支部班子建设。积极引导党支部结合党务工作实际，制订有效学习计划，高效完成各项学习任务；同时充分发挥党支部书记"双带头人"的示范作用，带领系部教师潜心钻研学术，形成刻苦钻研的科研和教学氛围。三是施行"双专业带头人"制。在培育校内专业带头人的同时，聘请行业知名专家徐珍喜和郝玲担任校外专业带头人，指导制定专业发展方向、讲授行业前沿技术、研讨人才培养方案等，改进高技能人才培育方式，引领专业建设高质量发展，培育未来的能工巧匠、大国工匠。

图 4-5　开展多种形式的研讨交流

（四）党建 4L——党建引领创新

一是创新政治理论学习方式。高标准高质量开展政治理论学习，创新形式多样的学习活动，学习先进的党建案例，做到"学、讲、懂、用"，以理论指导行动。二是培育 BIM 科研方向团队。以培育北京市教师创新团队的建设为基础，发挥团队中党员的先锋带头作用，形成科研合力，培育 BIM 科研团队，共同研究智慧建筑、智慧校园最前沿技术，专注建筑智能化、低碳节能领域，提供智能化方案设计、智慧能源管理等服务，提升团队科研水平和战斗力。2022 年，第一发明人授权实用新型专利 12 项，引入横向课题经费 12 万元（图 4-6）。三是成立智慧能源技术中心。与学校后勤基建处紧密合作，联合成立智慧能源技术中心，以"地源热泵空调系统沙盘模型以及 BIM 运维系统"项目以及"双创中心"新基建项目为依托，开展课程建设、实践教学，将校园建筑作为育人载体，在项目实践中培育工匠精神。

三、工作成效

（一）支部凝聚力再增强

通过党建品牌建设，在党建工作中融入工匠精神，增强了党支部的战斗力、凝聚力和向心力。通过全系的共同努力，智能建筑技术系党支部入选学校"双带头人"工作室，智能建筑技术系被评为二级学院先进集体；1+X（BIM）试点工作出色，3 名党员被评为先进个人（图 4-7）。

图 4-6　开展系列科研创新活动

图 4-7　部分获奖证书

（二）党性修养获提升

通过党建品牌建设，进一步提升了党员的党性修养，党支部在培养"能工巧匠、大国工匠"中的堡垒作用进一步凸显。近两年，支部党员林梦圆、周芬指导学生获"挑战杯"首都大学生创业计划竞赛银奖；刘婷婷入选北京市教学创新团队带头人，获学校教学质量优秀奖、金牌培训师、教书育人先锋等；李晖指导学生获"互联网+"大学生创新创业大赛北京市三等奖；张莉莉获学校青年五四奖章；1门课程入选校级课程思政示范课，并荣获北京市课程思政标杆课程综合特等奖（图4-8）；3门课程入选学校课程思政"三金"案例，2门课程获评学校"最美课堂"。

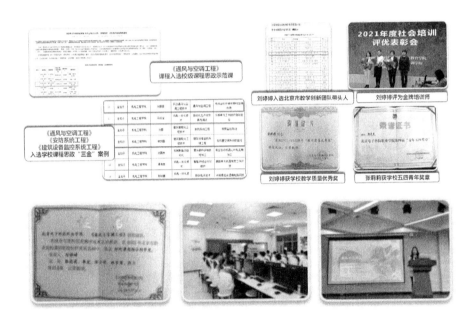

图4-8　获北京市课程思政标杆课程综合特等奖，并受邀进行分享交流

（三）人才培养有成效

通过党建品牌建设，落实校企共育人才，提高了人才培养质量。2022年，19空调班参与北京冬奥制冰服务，4次收到奥组委的感谢信，多次被央视等媒体报道，被评为北京市先进班集体并获学校青年五四奖章；学生张强获校长奖章，王启宏获学校青年五四奖章（图4-9）；2名学生获评北京市优秀毕业生，4名学生获全国机器人大赛一等奖（图4-10）。周芬老师作为代表讲述学院的育人故事"为北京冬奥培育制冰人才"，获北京市二等奖（图4-11）。

19空调班被评为北京市先进班集体

学生张强获校长奖章，被国家速滑馆正式录用

19空调班获学校青年五四奖章

王启宏获学校青年五四奖章，被国家游泳中心正式录用

2名学生获评北京市优秀毕业生

图4-9　获奖学生证书

图4-10　4名学生获全国机器人大赛一等奖

图 4-11　在北京市"讲述我们的育人故事"活动中获二等奖

"丰持淀掣"追求卓越

汽车工程学院汽车制造技术系党支部

一、工作思路

汽车制造技术系党支部全面贯彻落实习近平新时代中国特色社会主义思想，不忘立德树人初心，牢记为党育人、为国育才使命，以全国第二批高校"双带头人"教师党支部书记工作室建设为契机，立足职业教育特点，积极探索以"工匠精神"抓党建、强支部的新机制新模式，总结凝练"'丰持淀掣'追求卓越"特色党建工作品牌，强化政治引领，提升党支部组织力，推动立德树人落地落实。

二、主要做法

(一)"丰"：丰富多彩，守正创新开展主题党日活动

一是党支部扎实开展党的创新理论学习，创新学习方式，形成了一套"精研细读深学、实践教育悟学、先进典型引学、丰富载体促学、学以用固学"的丰富多彩的党支部理论学习长效机制。二是以"党员学习受教育、交流研讨凝共识、学习收获进课堂"为目标，把学习成果带到班级、课堂、社团和科研团队。三是引领带动党员教师坚决捍卫"两个确立"，牢固树立"四个意识"，不断增强"四个自信"，坚决做到"两个维护"，带领师生群众永远听党话、跟党走（图4-12、图4-13、图4-14、图4-15为支部集体学习参观实况）。

图 4-12　集体学习党的二十大精神

图 4-13　参观"不忘初心 牢记使命"主题展

图 4-14　参观"传承红色基因，弘扬红旗精神"展览

图 4-15　参观中国共产党党史展览馆

（二）"持"：持之以恒强基固本，夯实基层党建基础

党支部全面深化原有"'抓'铁才有痕"特色党建工作品牌，持之以恒强基固本，夯实支部党建工作基础，突出主责主业，提升组织生活质量，增强党支部战斗力（图 4-16、图 4-17）。一是抓"形象"。持续开展"三争三带三改"活动，党员亮明身份，持续推动教师党员带头改进教风，争做育人先锋。二是抓"管理"。进一步规范党支部各项工作，探索把"三会一课"开到项目一线、实训车间、育人前线，切实提升工作质量和效果。三是抓"示范"。创建党员示范课堂和示范实训室（图 4-18），形成典型示范引领作用，促进全体党员全面进步、全面过硬。四是抓"纪

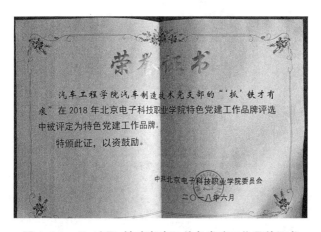

图 4-16　"'抓'铁才有痕"特色党建工作品牌证书

1.抓形象，做先锋
持续开展"三争三带三改"活动，党员亮明身份，教师党员带头改进教风，人人争做育人先锋

5.抓载体，争创新
用好各种媒体，引导党员教师在学校各项发展事业中冲锋在前、勇挑重担、攻坚克难

抓铁有痕
"五个抓手"强基础，锻造堡垒做先锋

2.抓管理，重实效
进一步规范党支部各项工作，把"三会一课"开到项目一线、实训车间、育人前线，切实提升质量和实效

4.抓纪律，强党性
开展警示教育，领悟"得罪千百人，不负十四亿"的深刻内涵，把好师德关、政治关，落实"十项准则"

3.抓示范，促成才
创建党员示范课堂和示范实训室，形成典型示范引领作用，促进全体党员全面进步、全面过硬

图4-17 "'抓'铁才有痕"特色党建工作品牌内容框架

律"。开展警示教育，使党员教师领悟"得罪千百人，不负十四亿"的深刻内涵，把好师德关、政治关，把落实"十项准则"作为师德师风建设首要任务抓紧抓好。五是抓"载体"。创新党员教育活动的载体，用好全国高校思想政治工作网育人号、"汽车大先生"微信公众号、"汽车人精神"党员教育基地等教育载体，引导党员教师在学校各项发展事业中冲锋在前勇挑重担、攻坚克难。

图4-18 党员示范实训室

(三)"淀":积淀传承工匠精神,培根铸魂育人

党支部积淀传承工匠精神,加强党对人才培养的引领,培根铸魂,提高人才培养质量。挖掘与北京奔驰 16 年校企合作深厚积淀(图 4-19、图 4-20 为学院奔驰班工作实况),以"北京奔驰工程师学院""赵郁大师工作室""赵斌大师工作室"建设为契机,通过开展"红色 1+1"活动,构建"校企双师共同体",开展大师讲堂等活动,传承工匠精神和培根铸魂育人精神(图 4-21、图 4-22、图 4-23 为工匠精神专题学习情况)。

图 4-19　中国教育电视台对我校奔驰班人才培养的报道

图 4-20　奔驰班学生实训场景

图 4-21　集体学习先进典型

图 4-22　邀请赵郁大师开展线上劳模精神分享

图 4-23　赵郁大师工作室

（四）"掣"：始终坚持立德树人，五育并举提升职业教育形象

落实立德树人根本任务，"德智体美劳"五育并举提升专业课"课程思政"实效，加强对学生爱国主义、集体主义、社会主义教育，聚焦汽车专业领域挖掘课程思政元素："汽车中的工匠精神""汽车中的劳模精神""汽车中的劳动精神"等，培养学生"又红又专"成长理念，实现更好的个人发展（图4-24为工匠精神主题党日实况）。

图4-24　"挖掘汽车文化 育新时代工匠——揭榜挂帅"主题党日

三、工作成效

通过"'丰持淀掣'追求卓越"特色党建工作品牌建设，党支部顺利通过全国第二批高校"双带头人"教师党支部书记工作室中期验收，获评校级第二批党建工作"样板支部"。2021年，支部获评校级先进基层党组织，党支部凝聚力、战斗力进一步增强。党员教师服务教育教学中心工作能力显著提升，支部党员获得多项成果和荣誉，包括市级教育教学成果一等奖1项，北京高校师生"双百行动计划"优秀项目1项；参评"十四五"国家规划教材1本；发表论文9篇，专利授权20项；校级课题立项6项；3名教师获得校级嘉奖；4名教师在线网络课被评为校级在线精品课，全校占比20.1%；1名教师获评校级"优秀教学质量"奖。教育教学人才培养质量显著提升，学生参加各级各类技能大赛获得优异成绩。

绘制"一心双环"同心圆 打造工匠精神共振环

集成电路学院（人工智能学院）计算机技术系党支部

一、工作思路

深入学习贯彻习近平总书记对职业教育工作做出的重要指示精神，全面落实中办、国办《关于深化现代职业教育体系建设改革的意见》，充分发挥党支部战斗堡垒作用，团结带领支部教师，围绕立德树人根本任务，构筑以提高政治素养为核心、以拓宽发展路径为内层环、以提升队伍能力为外层环的"一心双环"同心圆（图4-25）。积极探索"组织建设-课程思政-校企合作"党建引领育人新路径，着力打造工匠精神和专业发展融合的"共振环"，深化校企合作，推进"以教促产、以产助教、产教融合、产学合作"，努力培养更多大国工匠、高技能人才。

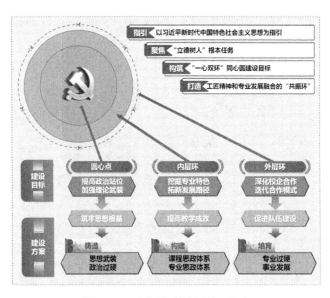

图4-25　支部党建同心圆工作法

二、主要做法

（一）加强组织引领，筑牢思想根基

党支部发挥政治引领作用，为厚植工匠精神提供坚实思想基础。支部坚持将"强化政治引领、筑牢思想根基"作为首要任务，提高政治站位，加强理论武装，夯实圆心点；积极推进教育载体和工作机制创新，坚持政治学习、党性教育和业务能力齐抓并进，把党员教师培养成中坚力量，将支部建成学校弘扬新时代工匠精神、培育大国工匠、高技能人才的战斗堡垒。

一是增强政治意识，理论学习入脑入心。坚持每周召开一次支委会，每两周召开一次支部大会，每三个月举办一次专题党课，不定期开展"同心共创，讲好中国故事"等主题党日活动，形成固定的工作机制，凝聚强大的思想共识，激励党员教师冲在教学实践第一线，有力推动立德树人目标的落实。

二是夯实思想基础，筑牢意识形态。以"工匠精神"抓党建、强支部，聚焦队伍建设，锻造工匠精神培育之师。将工匠精神培育与"双师型"教师队伍建设相融通，深入开展"转作风、强服务、办实事"专项行动，着力打造创建党建示范岗、党员先锋队等服务样板品牌，提升教师队伍工匠精神职业素养（图4-26）；号召广大党员教师佩戴党徽，亮身份、当先锋，做到一个支部一座堡垒，一名党员一面旗帜，让爱岗敬业、技艺精湛和精益求精的工匠精神变得可视、可学、可用。

三会一课

主题党日活动

党员教师在实训室进行课程辅导

党员示范岗

党员示范岗

疫情期间党员教师网上授课

图4-26　支部活动和党员示范岗

（二）完善思政课程建设体系，构筑工匠精神培育载体

充分发挥培育工匠精神品质与思政课"立德树人"根本任务高度契合的特质，紧紧围绕学校重点工作，深入挖掘专业特色，努力找准党建工作和教育教学有机融合的突破口，以课程思政建设为抓手，在全系范围内打造红色课程创新工程，完善课程思政建设，构建思政目标体系，做大内层环。在教学实践中，引导思政课教师坚持把"国之大者"作为政治引领，紧扣报国情怀、时代需要和价值实现等维度，深入研究工匠精神的发展脉络，运用案例教学法、体验式教学法、实践探究法等教学方式，让学生体验和感悟工匠精神的时代伟力，让工匠精神融入学生价值追求，真正做到知行合一。

一是坚持以"课程思政"为抓手，充分发挥专业资源优势，每月定期召开"三金案例分享会"，推动全系思政课教学形式的主动创新和优化；立足学生思想状况和专业特点，打造具有本系人才培养特色的课程思政内容，建设充分展示工匠精神价值的课程思政案例库，为实现工匠精神的技术要素和思政要素在课程目标设定、模块选择设计和课程内容讲授中交汇融通奠定坚实基础，为教师讲好课程思政提供有力支撑（图4-27）。

联合大学江静老师进行课程
思政案例分享

北京信息职业技术学院林广梅
教授专题讲座

党员教师马蕾进行课程
思政案例分享

党员教师景妮琴进行课程
思政案例分享

党员教师常莹进行课程
思政案例分享

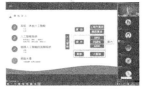
教师吕志强进行课程
思政案例分享

图4-27 支部开展课程思政系列活动

二是立足信息化专业特色，充分挖掘大数据时代新媒体信息交流优

势，创建"四微一体"的党员教育工作机制。根据微信、微博、学习通等新媒体平台信息交流双向化、时效性强等特点，通过短视频、实时互动、线上会议等灵活多样的形式，持续开展党员先锋模范榜样"微访谈"，制作"微党课"，守好党员"微阵地"，为培育工匠精神营造良好的教风和学风。

（三）深化校企合作，促进队伍建设

主动聚焦国家发展战略和区域经济社会发展需要，构建产教研学与工匠精神深度融合的人才培养体系。积极探索校企协同、产业引领、合作育人新模式，把理论学习、党员教育、管理、监督、服务与企业合作发展相融合，锻造思想过硬、敬业奉献、技艺精湛、勇于创新的教师队伍，提升能力素养，推进队伍建设，做优外层环。聚焦人才培养的适应性和精准度，协同培育学生工匠精神、专业技术水平、创新创业能力。

一是开展校企党建联建，共强组织堡垒。支部以"红色1+1"活动为切入点，联合共建企业，高质量举办主题党日活动，发挥党建优势，不断增强基层党组织的发展活力，为校企协同发展、共育学生工匠精神提供坚强的组织保障。

二是推进校企人才联育，共培人才队伍。支部以工程师学院为抓手，促进教师与企业工程师（党员为主）之间的交流学习，在人才培养方案设计、课程建设与改革、创新大赛中，各施其长、通力协作、优势互补，促进党建和育人的同步发展（图4-28）。

三是密切科研项目校企联培，共破科技难题。支部以科研工作为载体，瞄准企业生产实践一线问题，围绕项目攻关、协同创新，不断迭代升级政产学研新合作模式（图4-29）。

三、工作成效

（一）党建辐射引领教学作用明显

支部以党建品牌建设为契机，充分挖掘总结支部突出特色和标志性成果，形成完善的支部工作法，结合学院党总支"党建三融合"工作法，由点及面，推动支部党员和群众创先争优，极大地提升了支部教师的工作质量；定期举办"三金案例分享会""老教师经验交流会""同心共创，讲

与国家心理健康和预防中心　　与回龙观医院开展共建活动　　与久其软件开展联学联建
开展联学联建活动　　　　　　　　　　　　　　　　　　　　　　活动

与中科院大数据中心开展联学　　与久其软件开展联学　　与国家心理健康与预防中
联建活动　　　　　　　　　　　联建活动　　　　　　　开展联学联建活动

面向全国举办网格安全　　与商汤科技集团展开校企　　与亦庄社区展开共建活动
师资培训　　　　　　　　共建活动

图 4-28　校企联学联建

图 4-29　支部教师部分专利软件著作权证书

好中国故事"等特色活动，多次获得校级先进党支部、特色党建工作品牌。

在党建品牌的引领下，打造工匠精神的共振环，持续释放效能，政产学研新的融合广度和深度不断拓展，取得了一系列教学成果。《"三领三提三建"数字化资源建设模式的研究与实践》获得北京市教学成果一等奖；"ARM 微控制器与嵌入式系统"等两门课程获得北京市精品在线课程；"Web 前端开发技术"获得 2023 年北京市教育研究院"教学设计"等多个单项奖；"程序设计基础"等 5 门课程获得校级课程思政示范课；"认识漏洞"等 17 个课程思政案例获得校级"课程思政三金优秀教学设计案例"（图 4-30 为部分获奖证书）。

图 4-30　支部和部分课程思政获奖证书

（二）支部重点工作质量稳步提升

近三年来，在学院党总支的引领下，支部各项重点工作取得显著成效。教师团队在全国职业技能大赛中获得一等奖 1 项、二等奖 2 项，北京市教学能力大赛中获得一等奖 1 项，北京市职业技能大赛和"互联网+"大学生创新创业大赛获得一等奖 1 项、二等奖 3 项、三等奖 16 项。团队科研水平稳步提升，获得专利转换项目课题 1 项、横向科研课题 7 项、校级科研课题 47 项、专利 12 项、软件著作权 23 项（图 4-31 为技能大赛获奖证书）。

图 4-31　技能大赛部分获奖证书

"三维三创" 开新局 党建铸魂工匠情

经济管理学院商务管理系党支部

一、工作思路

经济管理学院商务管理系党支部积极探索以工匠精神抓党建、强支部的新机制、新模式，落实立德树人根本任务，立足职业教育特点，构建"三维三创"党建工作体系，通过"一个紧扣三个维度，强化支部政治功能；一个增强三个创新，提升思政工作质量"的工作模式，强化支部政治功能，引领事业发展。

二、主要做法

（一）一个紧扣三个维度，强化支部政治功能

紧扣习近平新时代中国特色社会主义思想，通过三个维度，积极落实思想政治教育、党风廉政教育、师德师风教育、密切联系群众等工作，强化党组织政治功能，创设凝聚人心的良好工作氛围。把工匠精神融入支部工作的各个环节，秉持"匠心"精研党建本领、提高党建工作质量，推动党的组织建设标准化、管理服务精细化、工作制度体系化。

维度一：加强思想理论武装，发挥政治传导功能。通过不断学习，让党员不断增强"四个意识"，坚定"四个自信"，做到"两个维护"。在重大任务面前和关键时刻，商管系党员教师能冲锋在前、勇挑重担。

维度二：创新工作方式方法，发挥政治服务功能。紧紧围绕中心工作，把党建活动与教学、科研、管理和服务等有机结合，调动和发挥党员的积极性、主动性、创造性。

维度三：抓严日常监督管理，发挥政治监督功能。教育党员坚定理想

信念，在政治立场、政治方向、政治原则、政治道路上同以习近平同志为核心的党中央保持高度一致，并践行立德树人理念。

（二）一个增强三个创新，提升思政工作质量

用专心致志、精益求精、孜孜不倦的工匠态度、工匠追求和工匠操守开展党的组织和思想建设，以高质量党建服务专业发展进步，以精益求精的"工匠精神"锤炼忠诚品质、弘扬奉献精神。发挥"双带头人"教师党支部书记的独特优势，增强思想政治工作的亲和力和针对性，并在以下三个方面着力进行创新，提升思政工作质量。

一是创新思想政治工作观念。党组织及时把握教师的思想动向，认真研究工作规律和特点，不断增强教师的政治意识、改革意识、发展意识、市场意识和科技意识，把思想观念统一到调动教师工作的积极性上。

二是创新政治思想工作的形式和手段。充分利用新媒体、网络等技术手段，开展形式多样的思政工作，拓展思政工作空间，创造更新颖、更高效的思政工作新形式。

三是创新政治思想工作的教育方式。组织教师研究分析学生的认知结构，在认识问题、分析问题、解决问题上寻求工作突破口。采取学生乐于接受的方式，以加强教师思政工作的"供给侧"引领带动学生"需求侧"思政工作质量的提升（图4-32、图4-33为支部活动实况）。

图4-32　党员学习教育活动

图4-33　党员参观实践活动

三、工作成效

（一）突出学习教育引导，加强师德师风建设

逐渐营造"立足本职、勇做工匠"的系部工作文化，坚持把教师队伍建设作为支部工作的抓手，组织开展师德师风主题教育"为党育人，为国育才"，"推进三全育人，改进教风学风"大讨论，探索增进教风的途径。成立"青年教师匠心工作站"，强化对高层次人才、优秀青年教师的教育引导，2021—2023年共发展3名青年教师加入党组织。引领党员增强攻坚克难、干事创业的干劲、闯劲和韧劲，打造出一支政治素质好、专业能力强、育人水平高的教师队伍（图4-34、图4-35为支部在线开展活动情况）。

图4-34　疫情期间创新组织生活方式

图4-35　线上学习内容

（二）良好师德带动学风，全员落实立德树人

坚持以工匠精神引领支部党员的工作品质，以精益求精的工匠精神锻造过硬本领，激励广大青年走技能成才、技能报国之路。努力探索、创新学风建设方法，形成了"师德建设带动班风建设、课程思政促进学风建设"的班风学风建设模式。通过推进课程思政建设，挖掘专业课程中的思政元素，将工匠精神植根课堂，使教师成为优良学风的建设者和示范者，培养学生正确的人生观和价值观，促进学生德智体美劳全面发展。通过开展"铸魂育人2+3"工程"春风行动"，党员教师一对一帮扶学生，使各班的"问题学生"有了不同程度的进步。党员教师指导学生创新团队及社团活动，积极承担学生入党积极分子培养联系工作，汇聚一批积极向党组织靠拢的优秀学生（图4-36）。

图4-36　党员一对一联系学生

（三）勇于担当作为，事业发展攻坚克难

将党的建设融入职业教育工匠精神培育的教学改革、产教融合、文化培育全过程。倡导将学院事业发展与教师个人职业发展相结合，在学院"建高

升本""提质培优"的发展平台上，支部立足国商、电商两个专业的建设发展，在人才培养、课程建设、校企合作、技能大赛等方面持续发挥党员的先锋模范作用和支部的战斗堡垒作用，取得显著成绩（图4-37）。以国际商务和电子商务专业牵头的"数字化国际商贸服务专业群"获批北京职业院校特色高水平骨干专业群，国际商务专业申报职业本科，"跨境电子商务运营"获评北京职业院校课程思政示范课程、教学名师和教学团队，"'专创融合、三层递进式'实践教学体系的创建与实践"获批校级教学成果一等奖并申报北京市级教学成果奖，电子商务团队获批校级教师教学创新团队。

图4-37　支部部分获奖证书

（四）增强党建辐射作用，助力乡村振兴

将"匠心"精研党建本领，组织建设标准化、制度化成果带到乡村支部，发挥党建辐射作用。商管系党支部以构建"一带四区六品牌"党建新版图之"电商产业党建振兴区"建设为载体，围绕"专业上门增技能 电商赋能助振兴"这一主题，与椴木沟村党支部开展"红色1+1"共建活动。党员教师带领学生，通过"下田劳作""田间直播""走进茶园""茶厂直播"等方式，充分发挥专业优势，技能帮扶村民增收，助力乡村振兴（图4-38）。

图4-38　匠心融入党建，助力乡村振兴

以文赋能 培工育匠
激发语文类公共基础课新活力

基础教育学院语文教学部党支部

一、工作思路

（一）坚持党建引领不动摇，锚定教学部工作"定海针"

党政共下一盘棋，同频共振成合力。以党支部为核心，通过部务会融合党建和业务工作，逐渐形成党支部学习教育活动全员参与有凝聚力、教学部骨干力量全力以赴有示范性的良好工作态势。

（二）落实课程思政不动摇，以稳教育理念"定盘星"

课程思政深挖掘，方有源头活水来。在论文选题、科研立项、教学改革工作中，积极推动支部党员和群众教师将工匠精神教育、传统美德教育贯穿工作始终。

（三）服务专业发展不动摇，凝练团队成长"定心丸"

大鹏须借东风力，东风好扶大鹏翼。积极推动教学部内部和学院、学校层面的观念转变，改变语言类公共基础课是工科专业"附属课"的现状，并借此拉动团队成长，助力培育学生的工匠精神。

二、主要做法

（一）突出支部工作在教学部整体工作中的思想引领作用

党支部牢牢把握正确的政治方向，凝练支部建设特色，"四'一'体系：传承经典 点亮人生"获批学校 2018 年党建品牌；党支部在 2021 年被评为校级先进支部，目前是校级样板支部建设单位。

1. 绘好学习"一张图"，促进学习教育工作在课程思政建设中见效果

支部始终注重一张蓝图绘到底，着力抓实各类学习的效果。支部还注重学习形式多样化，很多"走出去""请进来"的主题党日活动都扩大到群众中。党员群众"人人知主题，个个有认识"，并自觉将学习成果运用于课程思政上。

2. 推进党政"一盘棋"，落实党的领导贯穿课程思政建设工作全过程

找准党支部工作与教学质量、科研工作、师德师风建设工作的结合点，铸稳党建与教学部业务紧密结合的立足点。以强化党员意识为抓手，树立党员敢于"亮身份、勇作为、明职责、比奉献"的良好形象，引领群众在科研教改、师德师风等方面共同进步，努力构筑党建和教学"同频共振"的良好局面（图4-39、图4-40为支委、学院领导在支部工作中的示范带动效应）。

图4-39　处级干部讲党课

（二）突出支部工作在推进课程思政落地过程中的力量聚合作用

落实教育部、国家语委、北京市语委部署的语言文字工作，传承优秀传统文化与适应现代化职业发展需求相结合，提高教师本身国家通用语言文字核心素养和教学能力，进而提高我校"预备役工匠"应用语言的能力和语文核心素养，弘扬劳动精神、工匠精神。树立"中文+职业技能"的

图 4-40　2023 年党支部书记在头雁行动主题党日比赛中获得一等奖

理念，推动我校国际中文教育工作。以"双高建设"任务书中的"实施首都职业教育窗口工程，提升国际化水平"为指引，为提升学校国际办学能力提供基础语言教育，开好留学生职业教育的前导课程（图 4-41、图 4-42 为二十大精神融入教学的实践活动）。

图 4-41　"文史概论"教学团队专题备研会

图4-42 支部代表学院在学校二十大精神进课堂集体备课会上作汇报

1. 党员吹响"冲锋号"，尝试"课程思政"和"思政课程"合一

我支部自2021年起连续两年派出党员教师3人次（占支部党员总人数37.5%）作为马克思主义学院兼职教师，参与到一门全新的课程"习近平新时代中国特色社会主义思想"教学工作之中，两学年总计担任16个班的教学工作。这一尝试，推动了课程思政工程在我教学部平稳落地，获取课程思政工作的第一手资料，为语言类课程教学提供了有力的支持和方向引领。

2. 支部吹响"行动号"，实现"语言能力"和"工匠精神"聚焦

为使教学更加精细准确，支部将党建科研方向之一确定为学生、专业学院和用人单位对技能人才语言能力的需求认知，并将调研结果应用于教学实践。在教学过程中除了对学生进行"听、说、读、写"的一体化教育外，还时刻注重推动文学素养教育和职业素养教育齐头并进。在加强爱国主义教育、培育工匠精神得天独厚的土壤上深耕细作。

3. 全员响应"集结号"，积极投身"三金"案例、最美课堂等比赛

自2020年学校启动课程思政"三金"案例评选活动以来，我教学部教师一直高度重视、积极参加。获奖教师数一直在基础教育学院总获奖数中占比较高，不仅如此，我教学部选送的作品还呈现出获奖作品内容向申

本和国际化倾斜的特点。

（三）突出支部工作在对标学校发展和专业成长方面的方向调控作用

支部率先提倡转变观念，突破公共基础课程教学内容基础性、教学效果隐性的困局，在支撑学生专业发展中体现自身价值，实现语言文字类基础课程教学与学生的专业发展需求"点对点"，形成教育合力。找准学校公共基础课教学与继续教育、社会化服务的结合点，推进语言文字教育助力乡村振兴和区域经济发展，为乡村、企业提供应用语言教育和传统文化教育服务，进而提升高职院校语言类公共基础课社会化服务能力。

1. 开好专业"定制课"，提升学生的职场通用能力水平

以党员教师为主力，试点开设专业应用写作课程。例如，基于航空专业技术技能工作过程，以"必需""够用"为原则重新构建了应用文写作课程体系和教学内容体系，开设了航空人才应用文写作课（图4-43）。

图4-43　支部书记带队赴航空工程学院研讨专业定制课

2. 上好社会"服务课"，打造更为深远的工匠精神

树立支部工作"走出去"的理念，积极开辟支部社区共建服务新战场，推进语言文字教育助力乡村振兴工作，主动开拓支部、教学部与开发区青联、团工委、街道党工委的接触与合作，为之提供应用语言教育和传统文化教育服务，进而提升为"现役工匠"服务的意识与能力（图4-44）。

三、工作成效

一是形成了以党建工作为引领，党政双线推进的工作态势。2018年、2020年、2022年三度获批学校党建品牌；党支部在2021年被评为校级先

图 4-44　支部送书进社区

进支部，目前是校级样板支部建设单位。二是形成了党员教师引领，全体教师积极投身教学创新的工作作风。通过教学团队建设、精品在线开放课程建设、教学能力大赛等契机，形成了团队整体和个人发展的合力，多次在市级和国家级教学能力比赛中获得佳绩。三是形成了落实"五育并举"，劳动精神、工匠精神培育和语言教学有机融合的工作理念。对标专业需求，多轮开设美育选修课、人文素养类小学期课程，率先开设"专业学院定制公共基础课"。四是形成了贯彻"课程思政"，讲好中国故事的工作意识。将文化自信的教育渗透在语文教学中，弘扬民族精神和时代精神，在弘扬中华民族传统文化、职业教育国际化工作领域深耕细作，教学部教师在学校四届课程思政案例评选中共有 10 人次获奖，其中党员 9 人次。师生在教育部"中华诵写讲"大赛、北京市大学生"爱我国防"演讲比赛中屡获佳绩。

"三 XIN"精双师 双师育匠人

机电工程学院机电技术系党支部

一、工作思路

支部始终秉承"立德树人，德技并修"的发展理念，以"三 XIN 促发展"的建设思路，打造"专业、教师和学生三位一体"发展格局，助力学校事业高质量发展。"三 XIN 精双师 双师育匠人"党建工作品牌中，"三 XIN"即聚心（凝心聚力）、用心（用心做事）和创新（创新工作），"双师"即理论与实践相结合的双师型教师和"经师"与"人师"相统一的优秀教师；"匠人"即培养学生工匠精神，在学习工作中潜心研究。"三 XIN 精双师 双师育匠人"即党建"三 XIN"引领教师团队践行工匠精神，精于"双师"，培育学生的工匠精神，做好匠人。

二、主要做法

（一）强化"三 XIN"，教师团队精于"双师"

在"特高""双高"建设的推动下，依据智能制造领域要求、企业用人岗位需求，机电技术系几乎所有实训室设备全部更新。为了继续保持教师党员的干事创业干劲，保持良好的"三位一体"发展势头，支部主动出击，带领团队教师快速熟悉、应用和研究先进智能制造设备系统，加强理论与实践相统一的双师型教师队伍建设。一是加强新技术培训，增强理论知识。支部联系企业安排线上线下相结合的技术培训，支部教师充分利用课余、节假日休息时间积极参加学习，解决会用、能教的问题（图4-45）。二是积极下企业实践，提升技能水平。支部党员教师放弃休息、忍受病痛，跨专业参加智能制造车间智能产线系统研究与调试，提升技能水平。三是充分发挥科研团队的引领作用，提升科研能力。支部教师兼职参加科研团队，牺牲节假日时间，与企业无数次探讨真实项目方案，推动项目实施。在知识学习和技能提升中，教师团队努力成为"经师"。

图 4-45 教师研讨学习

（二）课程思政引领，培育工匠精神

课程思政的建设是教师团队践行"人师"的主要推手。支部带领校企团队在大量调研的基础上，设计了机电专业"价值塑造-精神培育"思政矩阵（图 4-46），实现"知"的教育和"行"的引导。思政矩阵元素内涵结合专业岗位能力，搭建了"价值塑造-精神培育-能力发展"的专业思政育人体系（图 4-47）。该专业思政育人体系为所有课程思政建设提供了根本依据和基本遵循。在支部的带领下，从专业核心课程入手，逐步实现人才培养方案专业课程思政全覆盖。教师团队努力做精于"双师"的统一者，逐渐培养执着专注、精益求精的工匠精神。

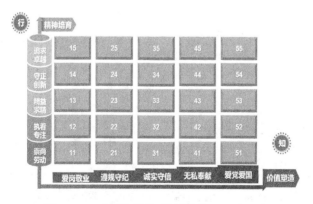

图 4-46 "价值塑造-精神培育"思政矩阵

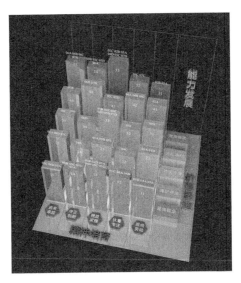

图 4-47　"价值塑造-精神培育-能力发展"的专业思政育人体系

（三）践行工匠精神，引领学生做匠人

在教师团队工匠精神培养基础上，一是通过课程思政落地落实，使各门课都守好一段渠，种好责任田，探索职业规划和校企共育等机制方法，深化三全育人，积极培育学生一丝不苟、追求卓越的工匠精神（图 4-48、

图 4-48　"PLC 控制技术"课程思政设计与实施

图4-49为学院两门课程的课程思政设计）。二是成立"学生科研小分队"，教师利用课余时间辅导学生的学业、走入实训室接触先进设备和前沿技术、走出校外积极开展社会实践（图4-50）。三是系统设计育人环境，在机械楼楼宇文化实施的同时，加强实训室内部育人环境建设，使学生时时处处接受工匠精神教育，引导学生做好匠人，全面提高人才培养质量。

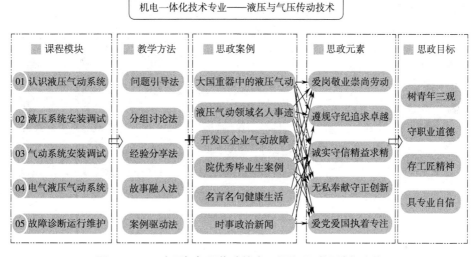

图4-49 "液压与气压传动技术"课程思政设计与实施

三、工作成效

（一）党建教育形式多样化，活动载体创新

一是为了更好地进行教师团队精于"双师"培养，加强党员教育、理论学习和实践活动，建立"每日一学"机制；完善"机电智园"公众号学习平台，实现"三结合"多学模式，建立"四位一体"党员教育体系，创新党员教育形式。

二是全体党员在进行"科研小分队"指导、校内外实践学习的同时，以实训基地、校外实习基地为依托，营造了教师团队相互理解、相互配合的良好工作局面。

图4-50 校内外实践

(二) 支部系部联动强耦合, 工作模式创新

一是结合实训室文化建设、党员之家建设等, 有效提升支部系部的联动强耦合, 实现显性思政与隐性思政的高度结合, 真正落实立德树人的责任。

二是在支部的引领下, 创建"大班制"班级管理模式, 成果显著。18贯通机电1班被推荐为北京市优秀先进基层组织, 发展党员2名, 4人参与冬奥会、冬残奥会志愿者服务, 2人被推荐为2022年度北京市五星级志愿者。

三是教师团队达到"双师"目标。机电技术系全体教师取得职业资格证书, 参与市级及以上精品在线课程或课程思政示范课程建设, 指导学生参加职业技能大赛, 实现100%双师型和"经师"与"人师"相统一的优秀教师团队建设目标。

（三）成才育心工程重实效，育人机制创新

一是推动专业建设有实效。在系部师生的共同努力下，2023年自主招生工作圆满完成，增加了师生的工作动力和专业自信。目前，2023届毕业生全部在岗位实习或顺利参加专升本考试。师生聚力，招生就业齐放彩。

二是促进学生发展有实效。以"严两头，抓中间"的思路开展高职学生教育，以"帮扶引领"的思路开展贯通学生教育，实施"六个一"工程，组织各种讲座和实践活动，积极引导学生加入卓越创新班学习并参加技能大赛，获"2022全国大学生机器人大赛"一等奖，北京市"双百行动计划"优秀项目。

三是实施社会实践有实效。以高校学生司育人项目和党建课题为牵引，搭建学生工匠精神培育平台，制定学生工匠精神自动控制系统式评价体系。与亦庄城市服务集团共同建设社会实践育人基地。

"红色引擎" 添动力 红色工匠展风采

机电工程学院机械制造技术系党支部

一、工作思路

机械制造技术系党支部，坚持党建引领，积极弘扬工匠精神，落实立德树人的根本任务。社团教师党员为"红色引擎"，培育工匠精神，打造了一批敬业、专注、精益、创新的"工匠师生"；以红色育人为根本，通过技能竞赛的形式培养学生，打造"新时代的红色工匠"；通过开设大讲堂、劳模进课堂、走进红色教育基地等形式，引领学生勇攀知识高峰、勇担时代重任，开拓进取服务社会，创建具有引领示范作用的特色育人品牌，实现了党建工作和立德树人的深度融合、相携互促。

二、主要做法

（一）聚焦理想信念，打造红色育人模式

一是牢牢把握思想政治引领作用。以立德树人为根本任务，机械制造技术系党支部在精艺创新社团活动基地设立"红色之光"橱窗（图4-51），坚持多思多想、学深悟透，全面学习领会新时代中国特色社会主义思想的科学体系、精髓要义、实践要求，做到整体把握、融会贯通。

通过"红色文化进社团，捐书助学促发展"活动弘扬新时代工匠精神，捐赠的书籍丰富了精艺社团的图书角，给社团的学生带来惊喜的阅读体验，鼓励学生阅读不同类型的图书，引导学生形成爱读书、读好书、善读书的良好氛围（图4-52）。

图 4-51　社团设立"红色之光"橱窗

图 4-52　党支部进社团捐书活动

二是开展"传承红色基因，坚定理想信念"系列红色体验主题教育和参观红色基地社会实践活动，实现红色文化传播与实践育人，用青年习惯的话语解读习近平新时代中国特色社会主义思想，广泛开展红色文化学习与宣讲。

活动一：开展"矢志不渝，笃行不息，走好新征程"主题教育活动（图 4-53）。

图 4-53   财务处党支部书记进社团讲党课

活动二：开展"大国工匠精忠报国精神"主题党课（图 4-54）。

图 4-54   机制系党支部委员进社团开展红色教育

活动三："同心筑梦，继往开来"走进校园活动（图 4-55）。

图 4-55   "同心筑梦，继往开来"走进校园活动

活动四："讲好劳模故事，展现工匠风采"主题教育活动（图4-56、图4-57）。

图4-56 "文化育人"讲好劳模故事（一）

图4-57 "文化育人"讲好劳模故事（二）

活动五：北京展览馆"奋进新时代"主题成就展（图4-58）。

三是组织学生学习大国工匠事迹，不断深化中国共产党精神谱系中工匠精神的内涵，将探索工匠精神系统融入课堂及体验实践，通过课堂中植入，实践中躬行，无声中内化，争先中弘扬，规范中落地，实现党建与实践育人的有机结合，坚定青年学生的理想信念、筑牢初心使命，砥砺前行，恪守服务国家社会的使命担当。

活动一：航天文化进校园 共筑航天强国梦（图4-59）。

图 4-58　"奋进新时代"活动

图 4-59　航天文化进校园活动

活动二："匠心筑梦"匠师讲堂面对面课堂（图 4-60）。

图 4-60　"匠心筑梦"匠师讲堂活动

活动三:"走出校园体会当代大国制造"主题实践活动(图4-61)。

图4-61　"走出校园体会当代大国制造"活动

活动四:参观第十八届中国国际机床展会——对话专业前沿(图4-62)。

图4-62　参观展会——对话专业前沿活动

(二)聚焦学生成长,助力个性化发展

一是坚持立德树人根本任务,积极探索学生成长规律。聚焦学生个性化成长,从学生专业和个人发展规划入手,提供全方位、多功能实践体验平台,创新育人模式。

学生在精艺创新社团,通过参与各种比赛和活动,提高自身素质,理解团队合作的重要性,定期组织学生分享在社团学习、活动中的收获和体会(图4-63)。

图 4-63　社团学生分享活动

二是坚持以人为本，合理划分社团实践平台类型。在全面了解掌握学生基本情况及个人发展意愿的基础上，将学生划分为总体策划组、市场调研组、文案策划组、机械设计组、3D 打印组、后处理打磨组，并根据不同组别制定发展规划（图 4-64）。

图 4-64　教师指导学生制定发展规划

三是坚持因人制宜，科学进行分类引导。针对不同学院学生需求，调整辅导力度，助力学生个性化发展，更好地发挥示范带动作用。大力宣传社团"工匠之星"事迹，进一步增强学生的看齐意识和工匠精神。

精艺创新社团学生陈羿腾、胡效宁等人完成了"盘活儿"产品测绘、反求及 3D 打印样品制作、产品造型设计等产品研发工作。在第 13 届北京国际电影节上，"盘活儿"成为电影节"飞影 PAN 计划"活动指定用盘（图 4-65）。

图 4-65 学生设计的作品

（三）聚焦创新创业大赛，弘扬精益创新精神

以"党建+大学生创新创业教育"为纽带，形成以党员骨干教师为主的创新创业指导团队，发挥攻坚克难的精神，丰富创新人才培养模式与载体，不断提升学生的技能水平。以职业技能竞赛为练兵场，组织学生积极参加全国大学生机械创新大赛、德国柏林国际数字化创新人才技能大赛、"互联网+"大学生创新创业大赛、北京市大学生工程设计表达竞赛、北京市挑战杯创业计划大赛等（图 4-66）。

图 4-66 助力大赛取佳绩

三、工作成效

（一）党建引领"双提升"带动"双发展"

（1）精艺社团制度建设不断完善，建立宣传制度、招聘制度、训练制度、奖惩制度、保障制度等，有力地保障了社团的健康有序发展（图4-67）。

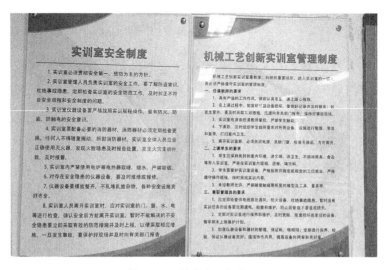

图4-67　制度建设促发展

（2）注重引导和指导相结合，建设"社团风采""社团之星""社团荣誉""创业之路"专栏展示区域，营造良好的创新实践氛围（图4-68）。

图 4-68 社团之星展风采

（3）创建精艺社团系列宣传视频，更好地诠释社团文化理念，吸引更多感兴趣的学生加入社团（图 4-69）。

精艺创新社团简介

多功能学习桌子

智能自助售卖机

仿生蜘蛛救援机器人

全地形沙地植树车

图 4-69 社团文化促建设

（二）红色引领再创佳绩

党员教师指导学生在各项技能大赛中屡获佳绩，社团成员获北京市大学生机械创新设计比赛一等奖 1 项、二等奖 1 项；获北京市"互联网+"大学生创新创业比赛二等奖 1 项、三等奖 7 项；获德国柏林国际数字化创新人才技能大赛中国赛区选拔赛二等奖 1 项；获北京市大学生工程设计表达竞赛个人一等奖 5 项、二等奖 10 项，团体一等奖 1 项（图 4-70）。

图 4-70 红色引领促佳绩

厚德载物 匠心铸魂

机电工程学院物理教学部党支部

一、工作思路

物理教学部党支部围绕"立德树人"根本任务，聚焦教师和学生双元发展，通过实施"思想引领""正风铸魂""守土把关""提质培优"四个工程不断夯实基层党组织建设，着力打造一支师德高尚、业务精湛、匠心笃行的"人师"队伍，持续深入推进大学物理课程思政建设，切实发挥协同育人作用，种好物理"责任田"，践行为党育人、为国育才的崇高使命，培养具有匠艺、匠心、匠魂的高素质技术技能人才。

二、主要做法

（一）推进"思想引领"工程，着力筑牢思想根基

一是注重理论学习的全面性（图4-71）。持续深入学习习近平新时代中国特色社会主义思想，开展党史学习教育、"不忘初心 牢记使命"主题教育、党的二十大精神、职业教育形势政策等专题学习，以先进的思想理论武装头脑，以伟大的精神锤炼品格，以坚定的信念践行使命。通过专人领学、个人自学、集体读书、专题研讨、主讲主问、经验分享等形式引导党员教师原原本本学、及时跟进学、结合实际学、深入思考学、围绕重点学、带着问题学、照着榜样学，保证理论学习的成效。二是注重实践活动的多样性（图4-72）。以主题党日活动为抓手，开展主题参观、重温入党誓词、唱学党史、观影品剧、教师榜样座谈、读书分享等丰富的实践活动，不断加深学习体会，提高学习的实际效果。在活动中引导党员教师重温初心、践行使命，教育引导党员不断增强理想信念、党性修养。理论与实践紧密结合，全体党员"四个意识"得到增强，"两个确立"更加坚定，"两个维护"更加自觉。

图 4-71　理论学习

图 4-72　主题党日活动

（二）推进"正风铸魂"工程，加强师德师风建设

一是以师德师风建设提升育人品格。利用师德失范行为典型案例敲响警钟，筑牢底线思维。通过身边优秀教师事迹学习、经验分享，树立看齐意识。学习全国高校黄大年式教师团队、2022 年全国教书育人楷模等先进事迹，汲取榜样力量。二是以党风廉政建设加强党性修养。通过参加党风廉政建设警示教育专题会，开展观看警示教育片等活动，持续开展党章党规专题学习，在各关键时间节点进行党风廉政宣讲，持之以恒地抓好警示教育，强化党员干部党规党纪意识，不断提升党性修养，筑牢廉洁自律防线（图 4-73）。

图 4-73　"正风铸魂"工程

（三）推进"守土把关"工程，落实意识形态责任

一是通过"五个第一"落实意识形态责任。支部书记作为支部第一责任人，密切关注支部所有教师的思想动态；课程负责人作为课程建设第一责任人，防止在教材、教学资源中出现意识形态问题；授课教师作为课堂管理的第一责任人，在教学过程中密切关注学生的思想动态，确保课堂上不出现任何意识形态问题；班主任作为班级管理的第一责任人，密切关注班级学生的思想动态，定期与学生进行谈心谈话；入党联系人作为发展党

员的第一责任人，密切关注积极分子的思想动态，定期与其沟通交流，把好发展党员"入口关"。二是定期组织教师开展教材问题排查。教材是课程的核心教学材料，是教育的重要工具，通过组织教师定期检查教材中的文字表述、插图信息，杜绝教材中出现意识形态问题。

（四）推进"提质培优"工程，匠心铸就人师金课

一是全面提升教师的教学能力。通过组建教师团队参加教学能力比赛，以赛促进，精技强能。团队秉持"从生活走向物理，从物理走向专业"这一教学总设计思路，不断优化教学内容，针对不同专业，设计不同模块，实现专业对接精准化，将学科系统性与专业性、针对性紧密结合。二是专注培育品质课程。精心打造"大学物理1"精品课程，课程采用基于物理认知过程的教学理念，着重颗粒化教学资源建设。着力完善大学物理课程思政体系设计，在课程思政教学目标确定、教学内容选择、教学方式设计、教学评价考核等方面精雕细琢、反复打磨，切实提高思政育人成效（图4-74）。三是推行"大小备研"活动。小备研以课程团队为单位进行，主要围绕教学内容、教学方法、教学评价、课程思政教学等方面进行，确保课堂教学的高质量、高效率。大备研以系部为单位进行，各课程团队交流学生学习情况、分享课程思政教学经验，共享共研共进。

图4-74　"提质培优"工程

三、工作成效

一是教师教学能力显著提高。支部多名教师在"最美课堂"评选中获奖，入选学校课程思政"三金"优秀教学案例，大学物理教学团队在北京市职业院校技能大赛教学能力比赛中获二等奖。二是课程建设水平提升。"大学物理"获评校级课程思政示范课，率先完成《大学物理课程思政教学指南》，形成指导教师进行课程思政教学的范本，有效固化了课程思政建设成果。该经验和做法已在校内推广，发挥了示范引领辐射作用。"大学物理1"精品慕课已在学银在线和学习通平台上线，第一期累计页面浏览量达 576 769 次。三是育人成效显著提高。教师指导学生参加"青创北京"2022 年"挑战杯"首都大学生创业设计竞赛，荣获金奖；在第十三届"挑战杯"中国大学生创业计划竞赛中获铜奖。

三支队伍做保障 五个平台促发展

航空工程学院电气技术系党支部

一、工作思路

在校、院两级党组织的坚强领导下，电气技术系党支部立足职业教育特点，秉承"党建促事业发展"的工作理念，以"工匠精神"抓党建、强支部为切入点，创新党建工作机制。通过建强核心、骨干、基层"三支队伍"，为实现工匠人才培养目标提供保障；通过打造思想引领、教师能力提升、学生技能提升、科研创新以及社会服务"五个平台"，形成长效机制，实现高质量党建引领事业高质量发展，推动落实立德树人根本任务。

二、主要做法

（一）确立"三个抓手"，为实现人才培养目标确立方向

一是增强政治意识，着力加强政治建设。始终把政治建设摆在首位，高质量落实"三会一课"，教育引导党员教师把党的领导作为专业建设和立德树人的首要原则。二是统一思想认识，切实坚定理想信念。建立"委员导学、集体研学、党员自学、实际践学"四学联动学习方式，用习近平新时代中国特色社会主义思想武装头脑，参观香山革命纪念馆，传承红色基因，厚植爱党爱国情怀。三是推进行动落实，持续促进事业发展。引导支部党员、群众教师铸牢类型教育理念，聚焦人才培养目标，将工匠精神融入党建工作，将党建业务与专业发展、人才培养高度融合（图4-75为党支部工作体系）。

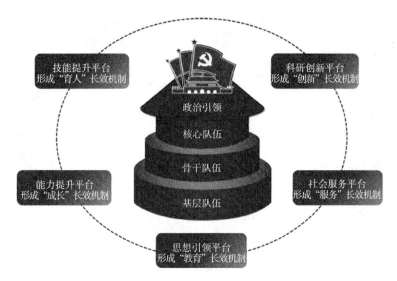

图 4-75 党支部工作机制建设体系

（二）建强三支队伍，为实现人才培养目标提供保障

一是建强以支部委员和系部主任为成员的核心队伍，提供实现目标的核心动力。支委和系主任攻坚克难、率先垂范，履行"十带头"职责，牵头成立攻坚团队，做传承工匠精神的模范和榜样。二是建强以支部党员为成员的骨干队伍，提供实现目标的持久保障。支部党员教师以身作则、发挥作用，实施"五个一"工程，通过言传身教，为学生的"工匠精神"培育树立标杆。三是建强以群众教师为成员的基层队伍，提供实现目标的稳固基础。开展党员联系群众的"一对一"计划，新入职教师实行"双导师制"，以提高"双师"素质、弘扬"工匠精神"为教师发展目标（图4-76）。

（三）打造五个平台，为实现人才培养目标创设路径

一是打造思想引领平台，形成"教育"长效机制。强化师德师风建设，把好师德关。建立课程思政交流常态化机制，将爱国精神、职业精神、劳动精神、劳模精神、工匠精神融入思政课程，实现思想政治教育与技术技能培养的融合统一。人人参加学校课程思政"三金"教学案例设计评审活动，提高专业教师的思政能力，2022年获得校级"三金"案例2个。二是打造教师能力提升平台，形成"成长"长效机制。实施

图 4-76　电气技术系党支部党员发挥作用谱系图

"三赛两团队"机制，参加教学能力比赛、技能大赛、挑战杯创业大赛，建立教学团队、课程思政团队，承担新形态教材编写、在线精品课建设、课程思政示范课建设等教改任务。2022 年荣获全国教学能力比赛一等奖 1 项、北京市教学能力比赛一等奖 1 项、北京市职业教育教学成果奖二等奖 1 项、校级课程思政示范课 1 门、校级在线精品课 1 门。三是打造学生技能提升平台，形成"育人"长效机制。构建校级、市级、国家级"三级竞赛"机制，实现人人参与竞赛的目标，营造技能竞赛文化，培养大国工匠；构建"岗课赛证"人才培养体系，提升学生就业的竞争力。2022 年全国职业院校技能大赛中 3 名学生获一等奖、2 名学生获二等奖，2 名教师获全国"优秀指导教师"称号（图 4-77）。四是打造科研创新平台，形成"创新"长效机制。组织党员牵头成立科研团队，申报各级各类课题，以科研团队为载体淬炼工匠精神。2022 年获批北京市教委科研课题 1 项、校级重大课题 1 项，引入企业技术开发项目 4 项、到账资金 30 万元。五是打造社会服务平台，形成"服务"长效机制。对接航空航天产业发展需求，面向社会和在校生开展低压电器及元件装配工高级证书和飞机维修执照的培训与考评工作、申报中小学生职业启蒙无人机培训项目，扩大工匠精神的影响力和覆盖面（图 4-78）。

图 4-77　学生技能大赛获奖证书

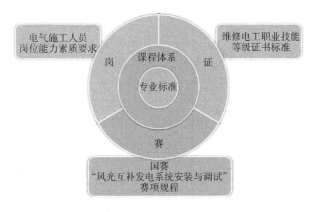

图 4-78　"岗课赛证"育人体系

三、工作成效

（一）党建引领事业发展成效显著

一是教师教学能力比赛实现突破。支部党员雷振超荣获 2022 年全国教学能力比赛一等奖，以赛促教，用工匠精神指导教学方法改革。二是学生技能大赛成绩突出。2022 年"风光互补发电系统安装与调试"赛项连续第九次荣获国赛一等奖，以赛促学，提升技术技能与工匠精神联动育人实效。三是专业实力获得企业的高度认可。2022 年与中国航天科技集团彩虹无人机科技有限公司签订人才订单培养协议，是全国与此企业开展人才订单培养的唯一高职院校。澎湃新闻以"校企融合跨上'彩虹'桥，订单式培养实现供需精准对接"为题进行了报道。

（二）特色做法起到示范引领作用

一是在党建工作中传播工匠精神。以"三支队伍做保障，五个平台促发展"党建工作机制为依托获批校级党建课题 1 项、发表党建论文 1 篇，为其他院校的党建工作提供借鉴参考。二是在争优创先中践行工匠精神。支部优秀指导教师张丽荣以"让工匠精神的种子在学生心中生根发芽"为题，为全国多所院校进行技能大赛培训指导，并接受教育部全国技能大赛组委会采访，对我校技能大赛锻造工匠精神的经验进行宣传报道。

"三色三型"孕育航空工匠精神

航空工程学院航空维修系党支部

一、工作思路

航空维修系党支部以建设飞机专业群精神党员教育实践基地为依托，构建紧贴立德树人中心任务、整合三全育人资源，创建"打造'三色'，锻造'三型'"党建特色品牌，铸牢战斗堡垒，凝聚党建合力，孕育航空工匠精神，深深扎根在首都机务维修职业教育一线，办让人民满意的职业教育，以实干实绩为职教强国赋能增效。

二、主要做法

（一）坚守初心底色，打造学习型党支部，做好工匠精神的宣传者

为培育又红又专的工匠之师，凝练育人匠心，党支部深化"党建+E先锋"支部组织平台建设，增强支部组织力，严格贯彻落实"三会一课"制度，构建"学习型党支部"，宣传工匠精神。创新"1+1+N"学习共建模式，开展党组织联学，与国航Ameco、海航、东航、南航等行业领军企业党支部联学联建，联合开展主题党日、党群活动，夯实理论学习基础。建立"菜单化"学习教育模式，定期"双向互派"优秀教师、企业技术骨干，定向培养定岗锻炼，做好"复合型"人才培养储备。打造"航空专业群精神"党员学习教育实践基地，成为师生纷纷打卡的"网红点"，累计接待参观者30 000余人次，被新华社发文报道，成为"讲好党的历史，讲活新时代工匠精神"的新载体。2022年度开展支部党员活动5次，支部党日活动24次（其中理论学习研讨12次，主题党日12次），支部委员会21次，党课学习3次，组织党员生活会和民主评议各1次。二是通过主题党日活动，明确政治目标、强化政治意识、

提升政治站位、坚定政治立场。7月，通过支部书记讲党课的形式集中学习研讨了《在习近平新时代中国特色社会主义思想指引下奋力谱写全面建设社会主义现代化国家的北京篇章——在中国共产党北京市第十三次代表大会上的报告》。9月，组织了"喜迎二十大，建功新时代"知识竞赛活动。10月，组织了"喜迎二十大，我想对党说"主题党日活动等，使党员接受党性教育，传承红色基因，在长期实践学习过程中，弘扬伟大建党精神，提升党员先锋模范作用，扎实做好当前工作（图 4-79、图 4-80、图 4-81 为支部活动实况）。

图 4-79　支部书记讲党课

图 4-80　知识竞赛活动

图 4-81 喜迎二十大，我想对党说

（二）亮出担当本色，打造服务型党支部，做工匠精神的培育者

畅通"走出去，请进来"业务学习平台，为支部教师专业技能提升积累经验，开展课题研究，将立德树人作为根本任务，构建"服务型党支部"，培育工匠精神。精设示范岗位，保证每名党员都是一面旗帜，带动全院师生共同营造"比学赶帮超"的浓厚氛围，保证技能报国"真心实意"。以"老带新"的方式，促进青年教师的培养工作，提升教学能力和专业技能，培育工匠精神。支部党员赵丹、曲鸣飞、张娜分别一对一结对指导新教师李玮、王雪娇、李林杰，在教案设计、授课方法、科研教改、技能大赛等工作中取得显著成绩。精修专业技能，组织教师深入民航局、航空公司一线调研学习，并将第一手职业核心技能融入日常教学，获得全国教学能力大赛一等奖 1 项，北京市一等奖 3 项（图 4-82）。2 月疫情期间，组织了"爱岗敬业勤学好问，线上教学互助研讨"，交流分享网络授课经验。3 月组织了"门门有思政，课课有特色，人人重育人——课程思政专题学习研讨会"。4 月参加了"师生同上一堂思政课"学习。6 月开展了"匠心育人抓教风、三全育人促学风 —— '推进三全育人，改进教风学风'大讨论"等丰富的主题党日活动（图 4-83）。精准产出成果，依托"一带一路"国际合作，与突尼斯等国家制定人才培养方案 1 份，为当地学生开设"飞机结构基础""飞机机械系统"等航空维修专业核心课程，助力"职教出海"。充分发挥支部战斗堡垒以及党员先锋模范作用。四是支部党建促进专业发展，顺利完成"双高"建设任务，推动专业教育高质量发展迈上新台阶，实现党建与业务双融合双促进双提升。1 门课程（"飞机机械系统"）被评为"课程思政示范课"，同时入选北京市精品在线课。全体党员参与飞机电子设备维修资源库建设，建立"互联网+"创新创业团队（图 4-84）。

图 4-82　教学能力大赛团队

图 4-83　教学团队三全育人线上大讨论

图4-84 "互联网+"创新创业团队

（三）凝练专业特色，打造创新型党支部，做工匠精神的践行者

搭建校企共建交流平台，注重成果共享，构建"创新型党支部"，践行工匠精神。实现合作育人"零"距离，发挥各自优势，形成了"一个目标、两方主体、三领域合作、三维度融合"的"1233"型校企合作模式，校企双主体育人，将行业标准融入学校人才培养方案、企业文化融入学校育人文化、校企资源融合，共用三维度融合，入选国家产教融合校企合作典型案例。实现评估机制"零"距离，开展党员"契约化"培养行动，校企双方通过"商约-签约-履约-评约"的"四步走"模式建立评估机制，实现精准画像，助力党员高质量培养。企业员工到学校开展"校企合作，共育合格航空维修人才"研讨，互相学习支部工作经验，共同探讨订单班学生的培养工作；东航企业到学校开展"航空报国有我，航空强国有我"的企业、支部、新生共建活动，使党建促进业务发展，推进"岗课赛证融通"，培养高素质技术技能航空专业人才。实现技术互通"零"距离，推动校企支部党员深度技术互助，共建以校企双元育人为主线的"SCI"人才培养体系，成为北京唯一一所具有民航维修人员执照培训资质的院校，每年为国航、东航、海航等企业输送近300名"持照入职"的高水平"飞机医生"，专业学生就业率年均98%。

三、工作成效

一是支部组织平台由支委建设，完善支部工作台账，完善"党员+E先锋"录入信息内容，实现支部"一规一表一册一网"规范化，辐射到支部每一位教师，自觉深入开展理论学习。二是支部业务学习平台，由教师团队组成：教师科研团队，申报1项市级立项课题，多项学院重点科研课题，获得十余项国家专利授权。教师技能大赛团队，在全国高职院校教学能力大赛中斩获一等奖，取得历史性突破；在第十三届挑战杯全国总决赛中，获得1项国家铜奖，取得零的突破；在第八届国际"互联网+"大学生创新创业大赛中，获得市赛2个二等奖，1个三等奖。新教师业务提升团队：老带新取得优秀成果，支部党员3人获得第三期校级课程思政教学设计优秀案例，1人获得"最美课堂（三期）"奖励，1门课程（"飞机机械系统"）被评为"课程思政示范课"，同时入选北京市精品在线课。147培训师资团队，业务精湛，培训近百名学员，均获得飞机维修执照，2名教师获评金牌培训师。三是校企共建平台，由企业导师和支部教师共同组成，为东航订单班共同教授专业课，并指导毕业设计与顶岗实习，实现校企双主体育人，将行业标准融入学校人才培养方案、企业文化融入学校育人文化、校企资源融合共用三维度融合。

航空维修系党支部将持续坚定中国民航强国梦的信心和决心，把自己紧紧铆在党和人民的事业上，坚持为党育人、为国育才，探索飞机维修人才培养新模式，为实现中国民航强国梦不懈奋斗！支部党员在工作的各方面坚持讲政治、顾大局，充分体现了敢担当、善作为、能吃苦的工作作风，党建工作发挥了应有的凝心聚力促发展的带头作用。

"四轮驱动"打造追求卓越的样板

汽车工程学院汽车技术服务系党支部

一、工作思路

北京电子科技职业学院汽车技术服务系党支部始终坚持"不忘立德树人初心，牢记为党育人、为国育才使命"，充分发挥党支部工作引领作用，探索工匠精神融入教书育人工作。在党建工作中全方位突出工匠精神，逐渐探索形成"三六三三"党支部内涵建设提升的有效路径，形成"学习、干事、育人、传承""四轮驱动"的样板党支部长效机制，打造追求卓越的样板，诠释工匠精神，传承工匠精神，发挥支部引领作用，做红色引擎，为完成"建高升本"任务提供坚强保证。

二、主要做法

（一）"三学"培匠魂，以工匠精神学习，打造学习样板

完善理论学习方式，办好支部理论读书会，交流学习成果，量化学习效果考核，引领党员思想，形成"精研细读领学、实践教育导学、学以致用固学"的"三学"机制，实现"党员学习受教育、交流研讨凝共识、学习收获进课堂"的目标，带着工匠精神学习专业知识，把学习成效带到班级、课堂、社团、科研团队等各个教育教学领域，时刻铭记"国之大者"，带领师生群众永远听党话、跟党走，为党和国家做贡献（图4-85、图4-86、图4-87、图4-88为支部学习实况）。

（二）"六力"铸匠行，以工匠精神做事，打造干事样板

全面深化"六力"特色党建工作品牌，以"提升组织力、加强凝聚力、贯彻执行力、强化战斗力、扩大影响力、发挥创新力"为方法，用工匠精神做事，提升干事创业的能力，创造干事创业的氛围，亮明党员身

图4-85 收听二十大报告，学习二十大精神

图4-86 红色教育基地实践，传承革命精神

图4-87 重温入党誓词，不忘初心使命

图4-88　精研细读领学，开展党史教育

份，开展承诺践诺，带头争当"四有"好老师，争做"四个引路人"，树形象，做先锋（图4-89）。探索形成教师《教学规范》，把工匠精神融入党建工作，积极"亮剑"当"斗士"，做到"人人党建、事事引领、处处标准"，聚匠魂以领工作之风气，确保教育教学各项工作的稳步推进。

图4-89　开展教学研究，打造最美课堂

（三）三育强匠心，以工匠精神铸魂，打造育人样板

"三育"传匠心，以工匠精神育人，打造"育人"样板。一是全员育人，实现每名教师承担一项教育工作、开展一项社会服务、协助建设一个社团、开设一门创新课程、指导一次技能大赛、完成一项攻坚任务的"六

个一"指标，用"匠心"锻造大国工匠（图4-90）。二是品牌育人，建立"双带头人工作室""党员示范实训室""党员示范课堂"等，以身体力行的"人文育人"，安全规范的"环境育人"，启迪智慧的"方法育人"，知行合一的"内容育人"，形成叫得响的育人品牌。三是思政育人，巩固"课程思政示范课程、教学团队获课程思政名师团队"建设成果，将思政教育元素"隐"于人员，"含"于方法，"融"于环境，"化"于内容，形成如盐在水、润物无声的专业课程思政教学体系（图4-91）。

图4-90　参加技能大赛，苦练教学本领

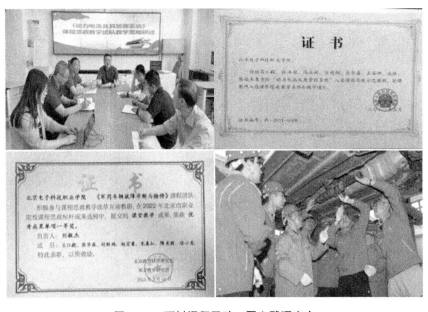

图4-91　研讨课程思政，匠心雕琢育人

（四）"三合"承匠意，以工匠精神建设"传承"样板

在"合"字上下功夫：一是"校企合作"，深度融合搭建育人平台，形成同建、同育、同研。二是"校产合作"，建立新中国汽车发展史学习教育基地，建立大师工作室，将劳模精神、工匠精神、劳动精神融入教师培养和学生培育。三是"校地合作"，立足服务开发区，推进中国科学技术协会"学风传承示范基地"——"汽车创新工坊"的建设。"三合"共建，传承发扬优秀汽车职业文化与新中国汽车工业精神（图4-92）。

图 4-92 开展校企合作，建立汽车创新工坊

三、工作成效

一是形成党建品牌示范效应，引领工匠精神。支部创建了特色党建品牌和工作法，在其中注入工匠精神，创立"特色党建工作品牌"2个，校级"十佳党支部工作法"奖2项，连续获得"校级先进党组织"奖1项，获得"北京高校先进党组织奖"1项，入选全国第三批样板党支部培育单位。

二是发挥党员先锋模范作用，发扬工匠精神。形成了"四四三二"新时代职业教师队伍，打造了"北京市高水平教师教学创新团队"和"北京高校继续教育高水平教学团队"，构建"戴姆勒中国汽车学院"，"北京高校青年教师社会实践基地"，获"信息化教学国赛"一等奖1项、"教学能力大赛国赛"一等奖2项，2023年党支部书记张华磊获评"北京市教书育

人榜样"称号。

三是形成课程思政教育机制，固化工匠精神。6个案例入选学校"三金"课程思政教学设计案例集，建立专业群课程思政案例库，构建"双元三金四维"课程思政教育教学模式，"动力电池及其管理系统"团队荣获教育部"课程思政示范课程"、教学团队获"课程思政教学名师团队"称号，"军用车辆故障诊断维修"获评课程思政标杆课程综合特等奖。

四是打造校企共建合作模式，践行工匠精神。形成了"订单培养、双元育人"的专业特色。创造了首批"X"证书试点，首批现代学徒制试点，首批中国"特高"汽车类专业群，北京市首批高精尖产业技能提升培训项目和培训入选机构，北京市首批七年制贯通项目试点专业等职业教育的多项第一。

五是培育开拓进取教风、学风，传承工匠精神。打造"ST车队"学生社团，在中国大学生方程式赛车及巴哈越野汽车大赛中获得总成绩一等奖，代表中国高校出征国际赛事，获单项第3名、总成绩前15名的好成绩，刷新了中国车队出国参赛的历史成绩，荣获中国科学技术协会"学风传承示范基地"。

传承工匠精神 培育时代新人
打造"三聚焦三创新"集成电路
创新人才培养新模式

集成电路学院（人工智能学院）电子技术系党支部

劳动者素质对一个国家、一个民族的发展至关重要。习近平总书记指出："我国工人阶级和广大劳动群众要大力弘扬劳模精神、劳动精神、工匠精神，适应当今世界科技革命和产业变革的需要，勤学苦练、深入钻研，勇于创新、敢为人先，不断提高技术技能水平，为推动高质量发展、实施制造强国战略、全面建设社会主义现代化国家贡献智慧和力量。"工匠精神反映出劳动者的精神风貌，是时代精神的生动体现。培育和弘扬工匠精神是一项系统工程，需要加强多方面协同合作，形成合力。

一、工作思路

北京电子科技职业学院电子技术系党支部针对集成电路产业发展需求，着重工匠精神培养，打造"三聚焦三创新"集成电路创新人才培养模式（图4-93），即聚焦职业师德建设，聚焦育人载体建设，聚焦创新人才培养；创新校企党建共建模式，创新科技成果转化机制，创新人才培养信息平台。党支部在服务"建高升本"建设任务落实上勇担重任，攻坚克难，弘扬工匠精神，培养更多高素质技术技能人才、能工巧匠、大国工匠，为全面建设社会主义现代化国家提供人才和技能支撑。

二、主要做法

（一）实施"集成电路育人工程"，"三聚焦"落实立德树人任务

一是聚焦职业师德建设。推进校企"双培养"培育工程（图4-94），促进教师与企业工程师（党员为主）之间的柔性流动，安排教师到集成电

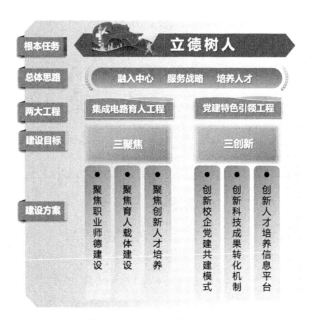

图 4-93　"三聚焦三创新"集成电路创新人才培养新模式

路企业挂职或合作科研，学习领会企业工匠精神、劳模精神，企业工程师来学校兼职，带领学生拓展"匠芯"科技社团，培养学生的劳动精神、工匠精神。打造一支技艺精湛、专兼结合的教师队伍，发挥传帮带作用，促进工匠精神传承。二是聚焦育人载体建设。坚持"共建、共联、共享"，携手将校企共建"集成电路设计与测试中试基地"打造成区域共享型集成电路人才培养公共实践平台，使其成为劳模和工匠人才创新培育的重要舞台，接受企业实际生产任务，为学生提供真实的实习实训条件及创新创业通道，培养培训集成电路设计、测试人才。三是聚焦创新人才培养。构建协同育人集成电路 SCI 人才培养模式，深化教学内容和课程体系改革，坚持立德树人、德技并修，推动思想政治教育与技术技能培养融合统一。结合各类课程的知识属性、专业特征、教育功能，将工匠精神培育融入课程教学、实习实训等各个环节，形成整体育人的联动效应，引导学生服务国家战略、适应社会需求，树立爱岗敬业、精益求精的职业精神，走技能成才、技能报国之路（图 4-95）。

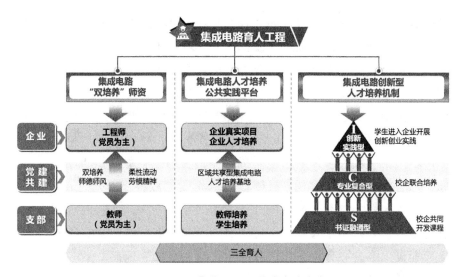

图 4-94　"三聚焦"——集成电路育人工程

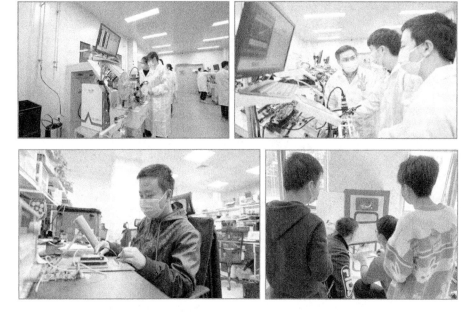

图 4-95　校企联合培养具有工匠精神的集成电路人才

（二）实施"党建特色引领工程"，"三创新"凝聚事业发展动力

一是创新校企党建共建模式，实现"1+1>2"。党支部深化与集成电

路设计龙头企业——集创北方的"校企党建共建"基地建设，依托北京市高校"红色1+1"示范活动等，发挥"1+1>2"的优势，建立工匠精神培养模式、校企协同育人模式等，全面推动校企双方在专业建设、协同育人等方面的有效对接，有力推动集成电路技术技能人才培养。二是创新科技成果转化机制，实现"亿百多元"。依托校企共建"集成电路设计与测试中试基地"，建设经开区集成电路公共服务平台，每年为区内集成电路企业提供不低于一亿枚芯片的功能测试服务，为小微企业提供版图设计公共服务，开启校企合作新模式，从校企"双元"向政校企及产业链"多元"扩展（图4-96）。三是创新人才培养信息平台，实现"学分银行"。建设具有高职特色的人才培养信息平台，引入"学分银行"理念，为集成电路人才培养提供终身服务；深化产教融合、校企合作，实施职业技能培训共建共享，增强工匠精神培育的系统性、整体性和协同性（图4-97）。

图4-96　"三创新"——党建特色引领工程

三、工作成效

（一）"三聚焦三创新"构建集成电路人才培养驱动轴

一是红色基因广泛传承，尽显使命担当。专业学生积极参加社会实践

图4-97 校企共同打造工匠精神创新平台

活动，为家乡发展献言献策，获得校级优秀奖。多人参与"冬奥会""两会服务"等国家重大活动的志愿服务。学生积极参军入伍，携笔从戎，报效祖国。二是党建共建发挥合力，携手共进双赢。党支部与集创北方合作开展项目"在校企合作中培育高职学生工匠精神的路径研究"获批教育部思政创新课题，连续三次获得北京市高校红色"1+1"活动优秀奖（图4-98），获得北京市"双百行动计划"项目示范团队。校企双方适应新技术新业态新模式发展要求，突出思想政治引领，加强理想信念教育、职业精神和职业素养教育，大力培育和弘扬工匠精神。三是校企一二课堂互动，创新教育载体。协同推进"匠芯"社团等第二课堂运行机制，构建基于集成电路开发及应用技能竞赛、以大学生电子设计竞赛为核心的竞赛体系，为专业学生提供展示精湛技能、相互切磋技艺的平台，提升其职业荣誉感和获得感，营造学习工匠、争当工匠的社会氛围，激发培育和弘扬工匠精神的内驱力。

（二）"三聚焦三创新"加固集成电路人才培养驱动轮

一是人才培养质量扎实，产学研用联动。近年来，学生参与完成10

图 4-98　北京市红色 "1+1" 活动优秀奖

余项厅局级以上级课题，20 余项校级课题，授权专利 10 余项。向集成电路企业输送近百名具有工匠精神的创新型人才，学生就业率达到 100%，就业质量高。二是学生素质能力突出，竞赛成绩斐然。近 3 年，学生荣获全国职业院校技能竞赛一等奖 1 项，二等奖 2 项，三等奖 2 项（图 4-99），全国大学生电子设计竞赛一等奖 2 项，二等奖 2 项，其他各类竞赛一等奖 30 余项，二等奖 50 余项。三是校企协同体系完善，专业发展迅速。专业获评国家级市域产教联合体——北京集成电路产教联合体，工信部第一批产教融合试点专业，学校第一批职业本科申报专业。获批北京市张晋芳 LED 显示芯片技术技能工作室，北京市校企合作"双师型"教师培养培训基地，经开区中试基地（图 4-100），经开区职工创新工作室等，建成校企合作劳模和工匠人才创新工作室等平台，发挥"传帮带"作用，促进工匠精神传承。

图 4-99　学生在全国职业院校技能竞赛中获奖

图 4-100　北京经济技术开发区集成电路中试基地

校企立足实际、守正创新的"三聚焦三创新"，注重工匠精神培育和职业道德养成，落实党的二十大精神，形成了产教深度融合的具体成果，培养了大批具有专业技能和工匠精神的集成电路创新人才，打造了服务首都经济社会发展的创新范式，被北京卫视、"北京日报"等多家媒体竞相报道（图 4-101）。

图 4-101　北京市多家媒体报道

红色电波守初心 匠心独运育英才

集成电路学院（人工智能学院）通信技术系党支部

一、工作思路

一百年来，中国共产党弘扬伟大建党精神，在长期奋斗中构建起中国共产党人的精神谱系。"执着专注、精益求精、一丝不苟、追求卓越"的工匠精神也是共产党人的伟大精神之一。《诗经》有云："如切如磋，如琢如磨。"工匠精神反映的就是这种执着与坚定。通信技术系党支部将工匠精神融入党建机制，以通信专业特色"红色电波"为载体，创新"红色电波守初心，匠心独运育英才"品牌，以匠人之心，琢红色电波之光；秉初心之志，磨职教人使命担当。

二、主要做法

（一）以匠人之心，琢红色电波之光

一是执着专注，红色电波永不消逝，坚守职教的理想和初心。党支部带领支部全体教师扎实开展理论学习，夯实思想根基（图4-102）。全年组织召开支部党员大会25次，开展主题党日活动11次，支委会19次，支部书记讲党课2次，深刻认识党的百年奋斗历史意义和历史经验，从党的百年奋斗历程中汲取智慧和力量，将思想上的升华转化为精神上的动力，深刻领悟"两个确立"的决定性意义，增强"四个意识"、坚定"四个自信"、做到"两个维护"。二是紧密结合工作实际，精于工、匠于心、品于行。精读深研细钻，不骄不躁、潜心笃志、心系一处，必有大成。坚守职教理想和初心，在学校"建高升本"等重任中建功立业。以匠人之心，琢教学之芒；凭初心之志，致职教使命之力。三是精益求精，践行工匠精神，时刻对标对表。严格落实《北京普通高等学校党建和思想政治工作基

本标准》，把支部党建做精做细做实做到位。强化支部防疫主体责任，发挥基层党支部的战斗堡垒作用，在班主任工作、学生管理、在线教学、健康台账及核酸检测等方面，党员发挥先锋模范带头作用，真正做到"疫情防控践初心，勇于担当做表率"。把承担重大任务作为试金石和磨刀石，搭建党员发挥先锋模范作用的平台，引导党员立足岗位做贡献。

图4-102　强化理论武装，夯实思想根基

（二）秉初心之志，磨职教人使命担当

一是系统设计课程思政体系，并将之融入新版人才培养方案中。支部教师积极撰写课程思政案例，将科学精神、工匠精神等思政元素融入其中，激发爱国情怀，坚定自信。二是创新"红色电波"载体，体现专业特色。精心设计课程思政内容，将之融于日常教学及学生管理工作中，既有"疫情防控""一起向未来""感动中国"等直击心灵的模块，也有"5G智慧冬奥""专业拓展""通信前沿资讯""元宇宙"等前沿技术和最新拓展。这些模块，结合专业知识技能内容，将科学精神、工匠精神、劳动精神、安全意识、责任意识等思政元素融入其中，润物无声。三是课程思政

落地落实。参加学校课程思政示范课评选，支部教师全员参加课程思政教学设计优秀案例评选，支部书记的案例入选优秀案例并获评"最美课堂"（图4-103）。

图 4-103　课程思政，润物无声

（三）融合党建促发展，勇于创新追求卓越

一是谋发展求突破。走访北京移动、大唐移动、歌华有线等通信龙头企业，在学生就业、顶岗实习、专业建设、课程建设等多项工作上达成了共识，为后续展开深度校企合作奠定了基础。二是服务行业企业，提升专业社会影响力。联手合作企业，承办技能大赛。2022年4月，通信技术系与北京新大陆时代教育科技有限公司合作，成功举办了北京市职业技能大赛"物联网技术应用赛项"。2022年8月，通信技术系与北京市通信管理局合作，承办了全国通信行业"'匠兴杯'5G网络运行管理员"技能竞赛北京地区选拔赛，取得了良好的社会反响，拓宽了校企合作的广度，促进了专业与企业的快速融合（图4-104）。

图 4-104　产教融合谋突破，融合党建促发展

图 4-105　师生同赛，追求卓越

三、工作成效

（一）强化理论武装，夯实思想根基

一是强理论，夯根基。创新理论学习和生动实践，切实把支部建设成为教师的主心骨和坚强战斗堡垒。二是加强党建研究。将党建研究、课程思政、专业建设真正融合起来，激发全体教师踔厉奋发、勇毅前行。

（二）练就过硬本领，培养大国工匠

一是"人在事上磨"。支部为青年骨干教师搭建平台，教方法、压担子，锻练教师的本领。二是因人而异，乘势而上。根据每个教师的能力和特点，在教学能力比赛、学生技能大赛、"互联网+"大学生创新创业大赛、教学科研、社会服务等方面全方位量身打造，追求卓越，练就过硬本领，培养大国工匠。

（三）高质量党建引领 专业建设高质量发展

经过支部全体师生共同努力，高质量党建引领专业建设高质量发展初显成效，特色党建工作品牌建设的目标基本实现。一是教科研成果显著。荣获北京市职业技能大赛一等奖 1 项，北京市教学能力比赛一等奖 1 项，第八届中国国际"互联网+"大学生创新创业大赛北京赛区二等奖 1 项，三等奖 5 项；校内重大及重点课题 4 项。软件著作权及专利 3 项，论文 5 篇。二是校企合作有突破。走访龙头企业、承办职业技能大赛及行业赛事，社会服务及影响力均有提升。

擦亮专业底色 培育工匠精神
建立"三根三底"党建育人模式

生物工程学院环境技术系党支部

一、工作思路

为发挥党支部的政治核心和战斗堡垒作用，推动党的二十大精神落实落地，环境技术系党支部充分发挥广大党员的先锋模范作用，建立"三根三底"党建育人模式，用擦亮专业底色的方式培育工匠精神，提升教学科研等各方面水平，把立德树人作为中心环节，将思想政治工作贯穿教育教学全过程，实现全员育人、全过程育人、全方位育人，建立党建引领工匠精神培育的新格局。

二、主要做法

（一）重理想信念根脉，强化思想育人底色

一是突出党支部的政治功能。环境技术系党支部将理论学习作为支部思想政治建设的重要内容，坚持集体学习、个人自学、研讨交流、主讲主问相结合的方式，通过每个月一次的理论学习，使教师党员充分认识到必须把党的领导贯彻到工作的全过程、各方面，坚定正确的政治方向。支部积极贯彻传达、认真学习、严格落实上级文件精神，做到"知行合一"。为深刻理解党的二十大提出的中国式现代化建设目标，实现"人与自然和谐共生"，环境技术系党支部进一步深化"心系绿水青山践行三重服务"党建特色品牌，结合学院"博士团助力乡村振兴"品牌建设，党支部带领师生走进昌平区十三陵镇德陵村，与德陵村党支部展开支部共建活动（图4-106、图4-107、图4-108为支部共建活动）。二是加强制度建设，建立有效机制。环境技术系党支部以"三会一课"及理论学习日制度为主要

图 4-106　党支部在德陵村开展环保知识科普主题展台宣传

图 4-107　党支部与北京奥地探测仪器有限公司党支部共同开展主题教育活动

图 4-108　北京奥地探测仪器有限公司党支部党员深入课堂宣传工匠精神

抓手，根据提升支部组织力及政治功能的经验，总结了"六平台六提升"工作机制，推动党建与业务工作融合发展。三是典型引路，带动全体。党支部注重发现挖掘群众身边的模范典型，他们的事迹促进了人人争先的良好风气。为提升招生工作成效，支部通过H5小程序、微信公众号等线上新媒体和建立微信咨询群的方式宣传介绍专业优势，组织教师参加了16场现场招生会，范围覆盖昌平区、密云区、平谷区、朝阳区、丰台区等主要生源地，报名计划比例从86%提升至147%，圆满完成招生任务，提升了专业影响力。同时推动解决19届环境工程专业毕业生的就业问题，2022年就业率达到100%，形成支部"新形势下教师党支部建设融合学生就业工作机制探索"特色工作案例。在支部的工作中，时时刻刻体现着精益求精、攻坚克难的工匠精神，学生深受党员教师身上工匠精神的感染，强化了鲜明的育人底色。

（二）重课堂建设根基，强化课堂育人底色

一是认真领会精神，抓住工作实质。聚焦支部党建、教师思想政治工作、教学工作于"立德树人"这一工作根本点上，锚定工匠精神的培育，开展"为党育人 为国育才，技能大赛展风采"主题党日活动。二是深刻领悟工匠精神内涵。党支部引导支部党员、任课教师根据专业课程特点，围绕培育学生的工匠精神，将专业知识中蕴含的工匠精神元素充分挖掘出来，发挥课程思政育人功能，增强学生对习近平新时代中国特色社会主义思想的理论认同、情感认同和行为认同。三是引导创新意识，探索更加有效的课程思政模式。在校风学风促进月活动中，生物工程学院环境技术系全体教师集体开展课程思政教研活动，集中研讨环境专业课程思政中如何融入工匠精神的培育，并进行"三金"案例建设经验交流。2022年，4名教师参加了案例征集活动。成功申报校级精品课程"水环境监测"；教师承担3部新形态教材的开发工作，支部党员参加教师教学能力大赛获北京市一等奖。通过课堂主渠道传承工匠精神，强化了课堂育人的底色（图4-109为支部党员活动）。

（三）重立德树人根本，闪亮实践育人底色

一是注重育人的实践锻炼途径。支部积极探索校企合作育人新模式，安排党员承担创新模块学生培养任务，环境技术系获批北控水务集团有限

图 4-109　党员重温入党誓词

公司教育部供需对接就业育人项目，开展水环境监测与治理 X 证书试点工作，建立北京稻香湖再生水厂现代学徒中心。二是促进"岗课赛证"融通综合育人模式。为培养适应产业发展需要的高素质技能型人才，2022 年组织承办北京市职业院校技能大赛"高职组水处理技术"和"高职组化工生产技术"两个赛项；全国职业院校技能大赛"高职组水处理技术"获得二等奖，参加"北控水务杯"全国大学生生态环境技能大赛获二等奖。支部将工匠精神的培育融入技能大赛，分享技能大赛办赛、参赛经验，师生分享获奖感受，进一步提升学生精益求精的意识和指导教师队伍协作的意识，增强凝聚力，形成争先争优的良好氛围。三是拓宽专业领域育人。建立"企业实践育人基地"7 个，开展与企业党支部的共建，校企党支部在实践教学中强化工匠精神的培育，党建水平、业务水平得到了双提升，形成了"围绕中心抓党建，抓好党建促发展"的局面，支部"校企联建支部，双方共育人才""红色 1+1"活动在北京高校"红色 1+1"示范活动中获优秀奖。通过实践，党支部引导师生深入体会追求卓越的创造精神和精益求精的工匠精神。

三、工作成效

（一）思想育人成效

支部获批学校教师党支部书记"双带头人"工作室，支部获批学校党建工作样板支部项目，支部活动在北京高校"红色1+1"示范活动中获优秀奖。

（二）课堂育人成效

环境技术系获推动解决19届环境工程学生就业问题院级优秀就业单位奖。支部教师完成2023年招生任务，支部党员成功申报校级精品课程"水环境监测"，支部党员参加教师教学能力大赛获北京市一等奖。

（三）实践育人成效

组织承办北京市职业院校技能大赛"高职组水处理技术"和"高职组化工生产技术"两个赛项，全国职业院校技能大赛"高职组水处理技术"获得二等奖，获得北京市教学成果二等奖，北电科环境技术专业现代学徒制入选"亦匠定制计划"优秀实践案例。

党建引领 匠心筑行

生物工程学院食品技术系党支部

一、工作思路

食品技术系党支部以习近平新时代中国特色社会主义思想为指导，围绕立德树人根本任务，推动党建与业务同频共振、深度融合，坚持价值塑造、知识传授、能力培养"三位一体"的教育理念，深化"三教改革"，推进德智体美劳"五育并举"，将"精于工、匠于心、品于行、名于世"的工匠精神渗透于日常教学与工作的细节中。聚焦为党育人、为国育才，聚焦服务师生，通过"头雁作用、引领作用、模范作用、先锋作用"，有效促进支部内涵建设。

二、主要做法

（一）提高政治站位，立足"精于工"，发挥头雁作用

落实"三会一课"制度，规范党支部专题组织生活会制度和民主评议党员制度，深入查找、解决支部和党员存在的问题，强化党的观念、党员意识、党性修养，提高党员整体素质。支部班子成员以身作则，率先垂范，认真履行党建主体责任，起到了"领头雁"的作用，支部的整体工作迈上新台阶。

（二）加强阵地建设，专注"匠于心"，发挥引领作用

依托"三会一课"、主题党日，以及"学习强国"等平台，全面学习党章，重温入党誓词；学习党史及党的创新理论，筑牢对党忠诚、为民服务的思想根基；组织党员参观中国共产党历史展览馆等红色教育基地，接受党性教育，增强党员信念和党性修养，激励党员传承红色基因、赓续红色血脉，发扬优良传统。深入学习习近平新时代中国特色社会主义

思想，推动全面从严治党向基层延伸、向纵深发展，不断强化支部的主体作用。（图 4-110、图 4-111 为党员学习参观活动）

图 4-110　主题教育学习

图 4-111　党史学习

（三）强化责任担当，着眼"品于行"，发挥模范作用

以"三会一课"和主题党日为载体，结合工作实际，统筹推进人才培养模式、课程体系建设，深化"三全育人"综合改革。开展课程思政教学改革，以习近平新时代中国特色社会主义思想为核心价值引领，围绕立德树人根本任务，课堂授课以专业知识为载体，深入挖掘课程思政元素，将专业知识与思政元素有机融合，做到知识传授、能力培养与价值引领同向同行，树立全方位的育人理念。课堂教学中融入大国工匠和我国科学家的先进事迹，借力课堂教学"主渠道"的功能，实现课程思政育人目标（图4-112）。

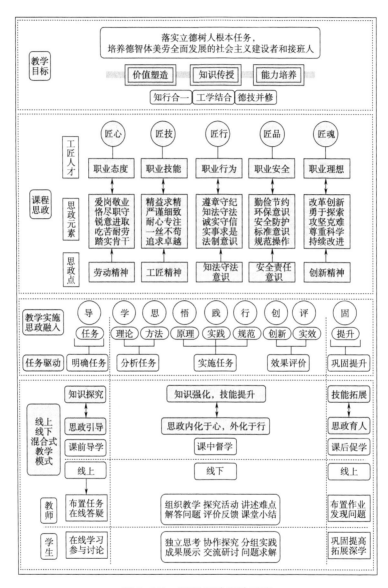

图 4-112　课程思政设计思路

（四）抓好队伍建设，实践"名于世"，发挥先锋作用

开展党员"亮身份、亮职责、亮承诺"活动，践行"一个党员就是一面旗帜，一个支部就是一座堡垒"的诺言。党支部立足学院及学生实际，注重党建工作与专业发展相融合、与服务社会相融合，引导支部党员发挥

先锋模范带头作用。积极参与教学研究和科研活动，解决行业实际问题，参与全国教学能力比赛、指导学生参加全国职业技能比赛，各方面取得显著成果。支部党员承担国家自然科学基金项目1项、北京市自然基金项目1项，"互联网+"大学生创业大赛获奖10余项（图4-113）。

图4-113 课程思政示范课

三、工作成效

（一）落实"三教"改革，匠心育人，提升教学科研能力

从课程设置、实践教育、思想政治教育和顶岗实习等教学环节，将工匠精神的培育贯穿于教育教学改革的全过程。获得全国职业院校教师教学能力比赛一等奖2项，获得北京市教学基本功比赛一等奖2项，出版国家"十二五"规划教材2部，获批国家"十四五"职业教育规划教材2部，授权专利13项。

（二）深挖课程思政，德技并修，润物无声启智润心

将工匠精神与高职院校素质教育"德技并修"的育人目标紧密关联，纳入职业教育课程思政体系建设。8个案例入选学校"三金"课程思政教学设计案例集，1个案例入选教育部课程思政"战役课堂"，"食品微生物技术"课程获教育部"课程思政示范课程"、教学团队获"课程思政教学名师团队"称号。

党群齐发力 协同促提升

经济管理学院涉外服务系党支部

一、工作思路

涉外服务系党支部以习近平新时代中国特色社会主义思想为引领，以习近平总书记关于教育的重要论述为根本遵循，以立德树人根本任务贯穿各项工作的始终，以党的建设为根本保障，将思想教育与业务工作充分融合，将支部建设与科研工作充分融合，将支部建设与人才培养充分融合。构建多元融合课程思政体系，培育学生的工匠精神，培养德智体美劳全面发展的社会主义建设者和接班人。充分发挥党员先锋模范作用，引领带动群众广泛参与，增强凝聚力和向心力，协同推进专业建设和学校"建高升本"的重要任务。

二、主要做法

一是将思想教育与业务工作充分融合。在思想政治教育工作中注重学用融合，把握计划、内容和方式"三个关键"。根据学校党委组织部每月发布的教职工和党员政治理论学习安排，结合支部每月拟提升的政治理论素养制定月度学习任务，开展党员和群众"1+1"共学计划，将"学习强国"作为日常教育党员的基本手段，鼓励党员自主学习和经验交流，形成你追我赶的良好学习气氛。党支部定期会有针对性地开展谈心谈话、志愿服务、困难帮扶、主题党日等丰富多彩的活动，增强党员的身份意识，强化师生的奉献精神，增强党支部的向心力和凝聚力，不断夯实思想建设和作风建设。与共建党支部共同开展主题党日、理论学习、交流研讨等活动（图4-114）。

扎实开展课程思政建设，以学科建设为抓手，创建课程思政"多维融

图 4-114　与泛华海外事业发展部总支第二党支部开展主题党日活动

合"的教学模式，做到课堂教学与制度建设统一、配合。各学科专业教师进行教学研讨，根据专业和学科特点，深挖课程思政元素，加强顶层设计，构建协同的育人机制，围绕立德树人的根本任务，建立融合的课程思政体系，做到课堂教学与制度建设相统一，相互配合。

二是将支部建设与科研工作充分融合。充分发挥"头雁效应"，凝聚优秀骨干教师和高学历人才，促进教师队伍建设和教学科研质量提升。以支部成员为骨干，吸引群众广泛参与，打造优秀科研团队，凝练研究方向，立足"四个面向"解决实际问题。通过开展"一对一"帮扶、以老带新等多种形式提升支部成员的整体实力。定期开展科研经历分享会、教师发展规划会等，凝聚支部党员的智慧（图4-115）。推动党建工作和科研工作深度融合，把党的方针政策转化为企业的发展力，把党员的先进性转化为企业的带动力，进而凝聚广大党员和教师，使大家朝着共同的发展目标迈进。

图 4-115　商务英语专业召开教学科研讨论会

三是将支部建设与人才培养充分融合。根据新时代党的建设总要求，党支部以政治建设为统领，以规范化建设为基础，着力发挥党员先锋模范作用，按照"攀高峰、强基础、化成效"的总体思路，充分发挥专业优势，推进党支部建设与人才培养的深度融合。结合涉外服务系党支部涉及基础学院和经管学院不同类型、不同学科人才培养的特点，构建多元课程思政体系，共建共享思政资源。支部立足"为谁培养人、培养什么人、怎样培养人"这一教育的根本问题，紧紧围绕立德树人根本任务，以社会主义核心价值观为引领，将"中国制造"精益求精的工匠精神和"中国制造"走向世界的使命感、责任感融入商务英语专业人才培养，挖掘历史、地理学科思政内涵，引导学生感悟中华优秀传统文化，激发学生的民族自信心、自豪感和国家认同感（图4-116）。全面推进"三全育人"综合改革，将实践、科研、人文素质有机融合，建立"启航"语言共进社、"启航"外语志愿服务队等"启航"系列品牌育人体系，创建以人文素养、专业知识和实践创新能力协同融合发展为重点的创新创业应用型人才培养模式（图4-117）。

图4-116　历史学科工匠精神的体现

图 4-117　启航语言共进社社长接受学校记者站采访

三、主要成效

一是思政教育成果显著。按照习近平总书记对教师提出的政治素质过硬、业务能力精湛、育人水平高超、方法技术娴熟的要求，培养和锻炼支部党员，不断加强师德师风建设，要求党员教师在日常教学科研工作中以更高的标准严格要求自己，以身作则、率先垂范。支部全体党员充分发挥党员先锋模范作用，调动全体教师工作的积极性，努力成为"四有好老师"、"四个引路人"和"四个相统一"的表率，2人获得学校嘉奖，1人获得"优秀党员"称号。以思政教育引领学科发展和人才培养，深挖课程思政和协同育人工作经验，获得市级课程思政优秀团队、市级课程思政教学名师等嘉奖。

二是教研奖励成果卓越。党支部把统一思想、价值观塑造有机融入教师的教学科研和学生的学习生活中，充分发挥其凝聚人心、增进共识的作用。重视发挥科研经验丰富的老党员传帮带作用，以支部建设促进教学科研团队建设，引导全系教师坚持"四个相统一"，积极投身特高专业群的建设工作。2022年获批北京市"十四五"教育规划课题1项，新增横向课题1项，校级重点课题1项，北京市教学成果奖1项，核心论文收录3篇，入选北京市精品在线课程1门，校级精品在线课程1门。

三是人才培养成果卓著。"启航"育人平台有效提升了学生人文素养，培养了学生的社会责任感和家国情怀，"启航"精神已成为激励广大师生自信、自省、自强的精神力量，也是凝聚和团结党员和群众的精神动力。2022年，师生获得北京市导游服务职业技能大赛一等奖（图4-118）、第十二届全国大学生红色旅游创意策划二等奖1项、北京市英语口语职业技能大赛三等奖1项、"中国教育电视台·外研社杯"职场英语挑战赛写作大赛北京市复赛三等奖和演讲比赛三等奖、"互联网+"大学生创新创业大赛北京赛区三等奖4项、首都"挑战杯"大学生创新创业大赛铜奖1项。开展职业启蒙教育培训项目"小小旅行家"一起看世界，通过组织职业启蒙教育活动，让更多的人了解职业教育，激发中小学生的职业兴趣（图4-119）。

图4-118 学生获得北京市导游服务
职业技能大赛一等奖

图4-119 参加"小小旅行家"一起看
世界培训项目部分师生合影

精艺求精 匠心筑梦

艺术设计学院装饰艺术设计系党支部

一、工作思路

艺术教育是审美教育，也是心灵教育与情操教育。艺术设计学院装饰艺术系党支部以"精艺求精·匠心筑梦"为品牌主题，以赓续红色革命基因和活态传承中华优秀传统民族文化为主线，将基层党建工作融入课程教学、专业竞赛、主题创作、产教融合和社会服务的各项工作中，引领师生在专业学习与实践中弘扬工匠精神。

二、主要做法

（一）党建筑牢思想之基

装饰艺术系党支部深入贯彻习近平新时代中国特色社会主义思想，按照学校党委总体部署，充分发挥基层党组织的战斗堡垒作用和党员先锋模范作用。坚持把思想政治工作与党的建设相结合，把立德树人的严格要求和春风化雨、润物无声的灵活方式相结合，把解决师生的思想问题和解决教学科研、学生就业等实际问题相结合，使党支部真正成为凝聚师生群众的政治核心，成为培养技能工匠的阵地。

（二）党建引领课程思政

一是通过"双带头人"教师党支部的培育和建设，发挥党支部书记的"头雁效应"，提升系部专业教师的政治素养，以课程思政为桥梁融通党建和专业建设（图4-120）。二是以课程思政教师团队建设为平台，推动艺术专业教师和思政课教师的双向沟通与交流，将工匠精神培养与艺术素质教育结合起来，用艺术化的手段呈现思政元素，实现艺术教育与思政理论的融合。

图 4-120　陈凯老师给支部师生分享《中国共产党党史——图画插本》插图创作过程

（三）党建融入主题创作

在党支部的引领下，各课程教师将中华优秀传统文化、红色革命文化、社会主义核心价值观和抗疫防疫精神等主题融入专业学习，开展主题创作实践活动。先后开展了"不忘初心、牢记使命""以艺抗疫——共克时艰""建党百年"等主题创作，以书画作品、平面海报和微视频等多样化的艺术形式阐释主题、习练技能并抒发心意，在师生中传递向上向善的正能量，用艺术创作实践践行精益求精的工匠精神。

（四）党建赋能社会美育

传播和弘扬中华优秀文化，让美育和艺术教育走出校园、走入寻常百姓家是艺术教育的基本责任，是助推文化强国建设的重要举措。装饰艺术系党员和教师积极践行该使命，一方面积极开展"艺术进社区进企业"的主题党日活动（图 4-121），一方面在不同平台展示和宣扬中华传统文化技艺与工匠精神。如陈凯老师受邀在中国教育电视台"墨香"节目中示范讲解名画《远方来客》的创作过程（图 4-122）；陈淑姣老师受中国人民大

图 4-121　支部教师进社区和企业传承传统文化和大国工匠精神

学出版社的邀请，在中国人民大学出版社直播平台上进行"以美育人，以文化人——高校美育教学探讨"讲座（图4-123）；丁晓飞老师创作的珐琅戒指入选北京2022冬奥会特许商品。

图4-122　陈凯老师受邀参加中国教育电视台"墨香"节目

图4-123　陈淑姣老师受中国人民大学出版社邀请作"美育"专题讲座

（五）党建促进产教融合

装饰系依托学校现代制造业职教集团，聚合行业大师、知名学者和企业专家，成立艺术设计协作组，引领民族文化传承、创新工匠培养与艺术设计教育融合发展，先后与北京市珐琅厂有限责任公司、室内装饰协会、深装集团华北设计院和北京经济技术开发区城市规划和环境设计研究中心等多家知名企事业单位开展人才培养、技术服务和社会培训等多方面合作（图4-124）。

三、工作成效

一是支部建设扎实推进，发挥"教师党支部书记双带头人工作室"和"支部特色品牌工作项目"的战斗堡垒和先锋模范作用，在意识形态、防疫抗疫、技能竞赛和社会服务等多项工作中勇挑重担。

图4-124　装饰系党支部与深装集团北京分公司开展支部共建

二是学科力量不断增强，系部教师同心协力积极完成2门精品课程的录制、2种新形态教材的编写、3个课程思政案例的撰写工作，并获批不同级别科研项目4项；教师获全国职业院校教师教学能力大赛二等奖1项，多名教师创作的作品在不同平台的艺术展演中获得奖项；学生参与"互联网+"大学生创新创业大赛和人社部竞赛，均取得较好成绩。系部师生在党支部的带领下敢于挑战，勇于逐梦，彰显出追求卓越的工匠精神（图4-125、图4-126为师生所获荣誉）。

图4-125　徐彬教授荣获室内装饰设计赛国家级裁判员资格

图 4-126　环境艺术专业师生在第二届全国工业设计职业技能大赛中荣获佳绩

三是社会服务能力不断增强，北京市领导、文化艺术界专家学者、非物质文化遗产行业大师多次到景泰蓝大师工作室考察和指导，亦庄规划局、南海子公园和深装集团华北设计院等与专业建立了稳定的服务合作关系。

E 路育匠心

基础教育学院外语教学部党支部

一、工作思路

外语教学部党支部拥有特色党建品牌"E 路育匠心"。其中，E 既是 education，也是支部重要语种 English 的首字母。支部引导英语教师在教育教学工作中"E 路育匠心"，通过三个一工作法"一抓一促一融"，抓党建、强支部，促进党建与业务工作的深度融合，提升教师思想政治素质和"课程思政"能力，培育"工匠精神"，践行立德树人根本任务。

抓，抓党建、强支部，做好教师党支部规范化建设，强化思想引领，发挥党支部的政治功能。

促，促进一线教师深入专业、深入企业，参与社会服务，学习体会总结专业特点、企业文化、服务社会与"工匠精神"的关系。

融，推动"课程思政"建设，将"工匠精神"融入外语学科教育教学，实现教书与育人相统一。

二、主要做法

（一）抓好理论和专业学习，思想和专业技能双提升

一是抓好"三会一课"。品牌建设中共组织支委会 27 次、主题党日 10 次、讲党课 2 次、集中理论学习 13 次、基层组织生活会 1 次。二是抓好专业知识学习培训。支部党员、群众共完成人均 210 学时/年的继续教育专业培训。三是鼓励职工学历提升。支部 5 名党员攻读博士学位，1 人已毕业；2 名党员拟攻读博士学位。

（二）促进各方分享交流，工匠精神、课程思政深度融合

一是促进师生之间的分享交流。外语支部书记为入团积极分子宣讲二

十大精神，传递总书记对青年的寄语。支部 4 位教师组织学生于 2023 年 1 月开展校友访谈、红色故事、工匠精神主题社会实践。支部于 2022 年 10 月组织党员、团员参观学习亦庄开发区"小红楼"精神（图 4-127），聆听元宇宙讲座，学习工匠精神（图 4-128）。

图 4-127　参观开发区"小红楼"

图 4-128　聆听元宇宙讲座，学习工匠精神

二是促进支部教师之间的思想交流。支部范围内组织教师结合教育教学实际工作交流分享工匠精神和课程思政实践经验。

三是促进支部教师和专业学院教师之间的思想交流。结合高职英语教学、大学英语"课程思政"示范课申请、教学能力大赛，支部教师与汽车专业群、电信专业群和航空专业群教师沟通交流，将工匠精神融入教学、科研和比赛中。

四是促进教师与企业之间的思想交流。支部委员到北京长城研修学院参观交流（图4-129）。支部邀请北京文化贸易语言服务基地的负责人来校调研交流（图4-130），一名支委到北京奔驰下企业实践（图4-131），实现公共基础课教师企业实践零的突破。5名教师成功开展社会服务。

图4-129　支部委员到北京长城研修学院参观交流

图4-130　支部邀请北京文化贸易语言服务基地负责人来校调研交流

图 4-131　支委王丽红到北京奔驰下企业实践

五是利用重要契机深挖课程思政资源。支部组织两次冬奥精神学习讲座，一次是邀请电科蓝学生志愿者为外语教师做讲座，从学生志愿者视角讲述冬奥精神（图 4-132）；一次是邀请教师志愿者为外语教师做讲座，从教师视角和外语教学与冬奥视角出发讲冬奥精神。两次讲座贯彻了冬奥精神和工匠精神。

图 4-132　电科蓝志愿者学生徐然讲座

（三）融课程思政于教科研，党建和业务高质量发展

一是教师方面。支部组织教师在集体备研中深挖语言教学材料中蕴含的课程思政元素，将课程思政做在日常工作中。支部邀请获得课程思政

"三金"优秀案例的教师分享获奖经验，鼓励更多教师参加"三金案例"和"课程思政"示范课的申报和评选工作。2022 年，支部 20 名教师提交"三金案例"，3 支团队申报"课程思政"示范课，2 支团队参评北京市职业院校课程思政"标杆课程"课堂教学和教学设计，1 名教师参加全国高职高专党委书记论坛征文。

二是支部方面。支部利用"学习通"平台建设课程思政资源库（图 4-133），设立"党建引领"、"科研护航"、"他山之石"、"支部交流"等模块，并逐步丰富相关资源。

外语教学党支部课程思政资源库
张平
北京电子科技职业学院
课程编号：ZJ0028888

图 4-133　支部利用"学习通"平台建设课程思政资源库

三是学生方面。支部利用 Hello China（英文版）共 100 集短视频作为学习载体，为基础教育学院全体学生开设一个学期的线上第二课堂（图 4-134）。这一学习资源是由国家新闻出版广电总局主办、中国国际广播电台、高等教育出版社联合策划实施的大型多媒体系列文化项目，均为介绍中国文化和中国日常生活的短视频。通过这门线上第二课堂，学生专题学习中国故事、厚植家国情怀、用英语讲述中国故事。支部组织学生团员参观北京经济技术开发区区史馆，并在先导课程中提供亦庄人讲奋斗故事、外国人讲亦城中国故事等学习资源（图 4-135）。

Hello China 贯通第二课堂
课程编号：ZJ1630716 | 教师姓名：张平
院校： 北京电子科技职业学院

图 4-134 支部为贯通学生开始 Hello China 线上第二课堂

北京亦庄 1992--2022
张平
北京电子科技职业学院
课程编号：ZJ0048855

图 4-135 党团共建线上先导课程

三、工作成效

（一）学生英语大赛，讲述中国故事能力有所提升

2022 年以来，支部党员教师指导学生参加 2022 年北京市职业技能大赛高职英语口语大赛，讲述中国故事，分获一等奖 1 项、二等奖 1 项；参

加 2022 年"中国教育电视台·外研社杯"职场英语挑战赛写作比赛（北京赛区）分获二等奖 1 项、三等奖 1 项；参加 2022 年"中国教育电视台·外研社杯"职场英语挑战赛演讲比赛（北京赛区）分获一等奖 1 项、二等奖 1 项；参加 2022 年"讯飞杯英语翻译比赛"分获一、二、三等奖多项。

（二）支部党建引领，教科研高质量发展有成绩

3 名党员教师合写全国高职高专党委书记论坛征文获得二等奖；1 名党员教师参加校级"凝心聚力擘画新蓝图，团结奋进共建新电科"征文获得二等奖；3 名党员教师参加北京市职业院校教学能力大赛获得一等奖，参加全国职业院校教学能力大赛获得二等奖。在 2022 年公布的两期"三金案例"评选结果中，共 8 名教师的"三金案例"获评校级优秀案例。2 支团队的课程思政课程获评校级课程思政示范课，2 名教师的课程思政课题成功获得校级立项。4 名教师提交的课程思政案例获得"2022 年职业院校外语课程思政优秀教学案例征集与交流"一等奖（图 4-136）。4 名教师获得院校两级"优秀班主任"荣誉称号。9 支团队编写英语类教材，其中两部教材被北京市推荐参加教育部"十四五"规划教材评选。7 名教师承担留学生国际中文教学任务，参与学校国际化办学；1 名教师前往突尼斯开展线下中文教学。社会服务能力有提升，5 名教师横向课题课题费累计到账 19.2 万元。

图 4-136　教师在课程思政案例征集活动中获得一等奖

"五翼五力"培根铸魂

——以党建业务双螺旋模式拉动工匠精神发展内应力

航空工程学院学生党支部

一、工作思路

航空工程学院学生党支部在学校党委和学院党总支的领导下，密切结合航空专业特色，以立德树人为根本任务，紧紧围绕学校的中心工作，奋力实现学生思想政治工作改革突破。学生党支部以党建与业务"双螺旋"理念为基础，形成了"四翼五力"党建业务双螺旋模式党建工作品牌，以匠心筑"翼"，以"五力"筑基，实现党建活动与三全育人相融合，党性修养与师生素质双提升，创新"浸润式"党员教育，拉动工匠精神发展内应力。

二、主要做法

（一）强化理论之翼，夯实理想信念"引领力"

一是落实"三会一课"制度，专题学习党的二十大精神、习近平总书记系列重要讲话精神。二是以理论社团"启航社"为抓手，以"微党课+在线答题"的形式，对党员进行理论测试，提升学习成效。三是规范支部组织生活，严格落实组织生活会、民主评议党员等制度，增强党支部的凝聚力、号召力、组织力。四是创新组织活动形式，组织"传承红色基因逐梦空天报国""'绿'动电科'植'向未来""祭奠革命先烈 赓续红色血脉"特色主题党日，深植工匠精神发展之根（图4-137）。

（二）扩容宣传之翼，提升党建活动"吸引力"

一是开设"网络思政"新栏目。创新线上课堂模式，每月在学习通推出精品微党课网络互动课堂，以全新的形式、丰富的内容，让红色资源活

图 4-137　"'绿'动电科'植'向未来"主题党日活动

图 4-138　"互联网+"思政育人平台

起来（图 4-138）。二是构建宣传新链条。运用"翼心相伴""士官之声"公众号、视频号，打造党建互动新空间，累计推送千余条，视频观看十万余人次。三是及时宣传模范典型，注重对学生入党的"全链式培养"，加强对师生党员的教育激励和培养，奠定工匠精神培育之基。

（三）拓展发展之翼，激发党建工作"新活力"

搭建德智体美劳"五育"翼系列育人体系，其中有"翼心向党""翼起分享"等思想引领活动，从党的二十大、建团 100 周年中汲取精神力量，引导学生树立社会主义核心价值观，弘扬中华传统美德，培育社会公德，遵守职业道德和个人品德（图 4-139）。在学院建院日开展翼周年活动，培育学生的感恩意识。开展翼技之长活动，组建朋辈帮扶网，实现技能和专业知识双进步。举办"翼同运动"系列活动，带领同学"走下网络、走出宿舍、走向操场"。组织翼熠星光文艺晚会等系列活动，加强学生的美育教育。进行"翼彩缤纷"等劳动技能和志愿服务活动，让学生们在奉献中收获生活的乐趣，打造工匠精神成长阶梯。

图 4-139　德智体美劳五育"翼"系列育人体系

（四）涵养廉洁之翼，构筑支部发展"牵引力"

一是组织党风廉政活动，在学生中开展"廉洁文化进校园"创意手抄报，"廉洁诚信"主题班团会活动。二是组织重温入党誓词，铭记入党初心，引导党员师生铭记党的奋斗历程，永葆政治本色。三是以案为鉴加强廉洁教育，组织观看廉政教育片，通过以案释纪、以案示警，将廉政教育融入支部常态化、制度化建设中，拓宽工匠精神的培育平台（图 4-140）。

图 4-140　廉政教育主题理论学习

（五）赋能腾飞之翼，增强学生发展的"推动力"

一是牟定靶心，投身事业发展。教师党员积极投身"建高升本"等重点工作，立项 2022 年校级党建课题，获批样板党支部培育创建单位。二是攻坚克难，勇担青春使命。学生党员和入党积极分子为全国两会、建党100 周年和北京冬奥会提供志愿服务和专业服务，在校内"春风行动"、宿舍控烟、"桶前值守"和疫情防控等基层一线发挥支部的战斗堡垒和党员的先锋模范作用。三是探索"航空小院"乡村振兴模式，提出"清洁能源点'靓'新农村""飞跃百里红谷""乘'蜂'而起"等助农方案，打造"小小工程师"职业启蒙课程，充分发挥职业教育具有"跨界"特征的教育优势，零距离、零负担、零基础服务"三农"，被光明网、《北京日报》、中国教育等媒体报道，荣获2022年高校"红色1+1"示范活动一等奖，是有史以来唯一获得北京市一等奖的高职院校党支部，实现了历史性突破（图4-141）。

图4-141 "航空小院"育人实践活动

三、工作成效

航空工程学院学生党支部立项学校"样板支部""特色品牌"培育创建单位；支部成员主持2022年度教育部思想政治工作创新发展中心（北京电子科技职业学院）专项研究课题2项，主持校级党建课题1项；1人获评北京市优秀辅导员，1人获评校级优秀辅导员；1人获评首都大学生社会实践先进工作者；指导学生参加"挑战杯"，获得1项金奖、1项铜奖；组织学生参加第八届"互联网+"大学生创新创业大赛，获得二等奖

2 项，三等奖 1 项；弘扬"奉献、友爱、互助、进步"志愿服务精神，2 名学生参与北京市冬奥会、冬残奥会志愿服务，11 名学生参与全国两会志愿服务；"平凡岗位磨炼意志 国家赛事锻造人才"志愿服务项目获得 2022 年首都志愿服务项目大赛立项。在学生评优中，北京市三好学生 1 人，学校青年五四奖章 1 人，校长奖章 2 人，学校三好学生 16 人、优秀学生干部 16 人、优秀团干部 8 人、优秀团员 19 人；"航空小院"共建活动获得 2022 年高校"红色 1+1"示范活动一等奖。

"工艺 技艺 匠艺"三艺育人

艺术设计学院学生党支部

一、工作思路

艺术设计学院学生党支部创新党建形式与载体，创建沉浸式体验的实践模式，以培育学生成长为合格的社会主义接班人为目标，强化润物细无声的文化引导，实现学生党建工作融会贯通于三全育人的全过程。通过"工艺、技艺、匠艺"三艺育人党建品牌建设，形成了成熟的培育学生工匠精神的有效实践教育方式，打造具有工匠精神的党支部。

二、主要做法

以党建融入"三艺"育人递进模式，开展工匠精神的沉浸式体验，培育学生的工匠精神，让工匠精神激励艺术专业的学生追求技艺、追求卓越。主要做法有：

（一）学"工艺"

一是依托学院建立的大师工作室对学生进行"艺"的引领。支部全体党员和积极分子在我院景泰蓝大师工作室的工艺美术大师丁晓飞老师的指导下，全过程体验从景泰蓝的制作工艺流程到成品展示，再到大师作品赏析及工匠技艺展示讲解等环节，并亲自创作冬奥珐琅戒指，深刻领悟冬奥精神（图4-142）。

二是依托中国民间艺术体验馆对学生进行"艺"的浸润。我支部促进馆校共建，邀请张英、郑执中两位大师现场亲授掐丝画技艺（图4-143），共同打造"三艺"育人递进模式的沉浸式体验，开展传统木雕、年画拓印、剪纸、泥塑、彩绘等民间传统技艺的传授。

图 4-142 工艺美术大师丁晓飞开展景泰蓝非遗传承授课和工艺学习

图 4-143 艺术大师张英和郑执中开展非遗掐丝珐琅工艺授课及实践

在活动中，学生党支部师生及积极分子体验了掐丝画的制作过程。在历时三周的体验过程中，学生完成了描图、掐丝、粘丝定型、调胶配色、填色固色、装裱等一系列流程，加强了协作共进的团队精神，感受到大师的极致严谨、一丝不苟、精益求精、追求卓越的工匠精神。

（二）练"技艺"

一是组织开展"艺·青春"主题系列活动。我支部围绕立德树人根本任务，结合学校和学院重点工作，以建团 100 周年和迎接党的二十大等重大历史契机为切入点，引导学生深刻认识中国共产党和中国共产主义青年团的光荣历史和丰功伟绩，从党史、团史学习中激发信仰、获得启发、汲取力量，厚植爱党爱国爱社会主义情感，结合艺术设计学院学生的特点，积极开展"艺·青春"系列主题教育活动（图4-144、图4-145）。活动分为"传统文化""工匠文化""劳动文化""红色文化"四个主题，通过系列活动，实现了弘扬工匠精神的群体效应。

图4-144 "艺·青春"系列活动（一）

清明踏青"艺·青春"摄影展

艺术之声Artison 艺术之声Artison

2022-04-03 20:52

本次活动意在让大家热爱生活
在疫情期间也能发现身边的美景

报名工作：

1. 报名时间：2022年4月3日至4月30日
2. 报名地点：线上
3. 报名对象：全院学生
4. 报名方式：班级内将拍摄作品发给班长

图4-145 "艺·青春"系列活动（二）

二是发挥专业技能助力乡村振兴。我支部进一步落实新时代党建工作新要求，助力乡村建设，与贫困地区密云溪翁庄尖岩村党支部共建，实现了深入推进三全育人，打造沉浸式思政大课堂的教育模式。支部带领学生骨干深入农村基层一线，倡导学生党员发挥"服务先锋"作用，积极投身于服务基层、服务农村、服务群众的社会活动，助力首都"美丽乡村"建设，在实践中理解和践行合格党员的责任与使命。学生发挥专业优势，设计制作了垃圾分类海报，张贴在尖岩村各个宣传栏；为乡村农产品设计包装礼盒；发动教师、在校生、校友给村党支部捐赠图书 200 余册。助力乡村活动，给村民提供了精神食粮，推动了乡村文化振兴，实现了"共建促党建、以共建促创新、以共建促合作、以共建促发展"的工作目标，在实践中进一步锤炼了学生的工匠精神（图 4-146）。

图 4-146　助力乡村建设——与密云溪翁庄尖岩村党支部共建：
实践育人基地挂牌仪式

三是校企合作练就学生的工匠技艺。艺术设计学院学生党支部充分发挥专业优势，与知名企业联合建立实践育人基地，为学生打造集专业学习与校外实践于一体的平台，促进青年大学生在实践中了解社会、认识国情、培养人格、增长才干、奉献社会（图 4-147）。我支部策划并组织了与完美世界教育科技（北京）有限公司共同开展的"实践育人基地"挂牌及参观体验活动。通过带领学生党员和入党积极分子参观完美世界教育科技（北京）有限公司像素种子数字与艺术教育基地、完美世界游戏中心与影视中心等，学生对行业企业的岗位技能需求、行业最前沿的专业水准，以及个人的未来职业发展规划有了清晰的了解，将贴合企业需求的专业知识融入学生毕业设计中，练就了学生精湛的技艺。

图 4-147　与完美世界教育科技（北京）有限公司校企合作共建

（三）展"匠艺"

我支部充分发挥学生党员、入党积极分子的专业技能和创新精神，开展毕业生党员、积极分子毕业设计作品展，包括申请入党人员、入党积极分子、发展对象的课业展、文创作品展，开展"学习宣传二十大"海报设计大赛、红色记忆剪纸创作等活动，作品在学院的显著位置展出。通过各种主题及艺术创作及展示展览活动，展现了学生骨干优秀的艺术作品，增加了学生党员、积极分子的责任感和使命感，引领全体学生追求卓越、勇于创新，继承和发扬工匠精神（图 4-148、图 4-149、图 4-150 为学生的艺术作品）。

图 4-148　红色记忆剪纸系列展

图4-149 学习宣传党的二十大海报获奖作品展

图4-150 学生的艺术作品

三、工作成效

综上所述，支部立足弘扬新时代工匠精神，从高职艺术类学生成长发展需求出发，依托我学院国家级教学资源库建设和使用优势，以大师工作室、资源库大师微课、多家行业企业和多个实践教育基地为助力，结合艺术专业特点，充分发挥传统文化的教育作用，引导学生通过活动，深刻领会工匠精神的内涵，为学生开展了成体系、有规模的工匠精神培育实践活动。通过将"工艺、技艺、匠艺"三艺育人模式和基层党建工作有机结合，开展工匠精神沉浸式体验、"艺·青春"主题系列活动、助力乡村建设等实践活动，传承和发扬了工匠精神，打造了具有工匠精神的党支部工作思路，积极探索了"培育工匠精神促进党建工作、传承工匠精神增进党建特色"的品牌效应。

构建"五 Hong"学生党支部特色党建品牌

汽车工程学院学生党支部

一、工作思路

汽车工程学院学生党支部紧紧围绕学生党员培养教育和锻炼提升的核心目标，以党史学习教育为发力点，构建"五 Hong"支部育人工作体系，凝练支部工作法，发挥基层支部战斗堡垒作用，启动"鸿"雁计划，形成支部领航"雁阵"，培育思想又"红"又专、理想志向"宏"大、职业技能"泓"然、成为"鸿"博之士、"弘"扬工匠精神的"五 Hong"匠人，打造创新型学生党支部。

二、主要做法

（一）又"红"又专，理论学习中培育时代新人

支部扎实落实党史学习教育计划，凝练"一专三学五青"工作法，加强学习，锤炼党性，固本夯基。由学院领导班子、党总支委员、各系部党支部书记以及优秀党员教师共同组成教师党员"青马导师团"（图4-151），面向学生党员、预备党员、入党积极分子以及学院"青马工程"学员集中备课、分专题授课，专题党课贯穿全年，每周主讲不少于2学时、每月主讲不少于6学时。

（二）志向"宏"大，真知实践中迈出电科步伐

成立"青年学习社"，汇集成员150余人，组建"青年导读团"线上导读20期，设立"青年服务岗"300余个，累计服务300小时；运营"青年电影院"，播放影片4部；开展"青年大学习"，覆盖全体团员。持续开展"强信念 跟党走 践文明"党团聚青年实践活动，紧扣服务首都新发展格局，结合建团百年、北京2022冬奥会、全国两会等重要时间节点，通

图4-151　"青马导师团"共育时代新人

过学生主题教育、文明实践、文体活动，引领、带动广大学生在实践中提高政治站位，树立宏大报国志向，坚定"四个自信"。选派教师党员1人、学生入党积极分子2人参加冬奥会志愿服务；连续两年累计选派教师党员2人、入党积极分子8人参加全国两会志愿服务。与北京市通州区梨园镇怡然社区共建5次，开展红色党建、科普宣传教育，参与者百余人次，高质量服务北京基层治理，北京卫视对此进行了报道。组建冬奥会、两会故事宣讲团，挖掘冬奥会中的思政元素，通过共建共享、互帮互学、实践调研等方式，讲好"冬奥大思政课"（图4-152）。

图4-152　服务冬奥会和两会在副中心建设中展电科风采

（三）技能"泓"然，专业大赛中尽显职教风采

鼓励学生参加科创社团、"互联网+"大学生创新创业大赛，做好品牌传承积淀，进一步推广汽车文化月、赛车文化节，充分发挥校企合作大师工作室协同育人效能，引导学生在技术技能磨砺中感悟工匠精神，体会技能报国。

（四）知识"鸿"博之士，五育并举中提升综合素质

支部着力打造"点线面"融合创新型学生党支部协同育人品牌，构建三全育人、五育并举的育人工作体系。聚焦重点，培养重点人，利用青马人才培养体系，党员带团员聚青年；深入重点区，师生党员、入党积极分子深入课堂、宿舍发挥示范引领作用；解决重点事，开通"解忧直通车"，列清单、办实事、解难题。穿针引线，支部共建"红色1+1"，与专业系党支部、街道社区党支部、合作企业党支部形成合作线，深化校企合作、产教融合，共同搭建协同育人平台，校内共建解难题，校外共建搭平台。覆盖全面，党建赋能五育并举，助力学生全面成才，在德智体美劳五方面形成党建引领的育人实践案例品牌。

（五）"弘"扬工匠精神，匠心育人琢匠品

红色文化与职教文化相结合，以汽车人精神党员教育实践基地为平台，结合"一带四区六品牌"汽车人精神示范区建设，引导学生热爱职业技能、弘扬工匠精神，深入挖掘伟大建党精神与工匠精神的契合点，成立"新中国汽车发展史"学生党员讲解团队，接待参观体验者600余人次，新华社对此进行了宣传报道。为六十五周年校庆寻访优秀校友15人，精心设计筹备、潜心雕琢访谈录。采访中，一名优秀校友出于对学校培养的信任和认可，推荐其孩子报考我校同专业，父子携手成为电科"校友"（图4-153）。

三、工作成效

（一）理论学习体系化更强

一是支部形成理论学习体系，更好地服务全链式党员培养教育。二是学习形式多样内容丰富，对先进青年具有较强的吸引力，凝聚师生，激发

图 4-153 寻访优秀校友 讲好电科故事

活力。三是理论指导实践能力加强，思想与时俱进，带动行动攻坚克难，夯实基层支部战斗堡垒作用。

（二）文明实践辐射面更广

一是理论指导实践能力提升，学以致用、理学结合、知行合一。二是通过新时代文明实践活动，学生德智体美劳综合素质大幅提升。三是提振职教信心、提升学校形象，助力国家科教兴国战略实施。

（三）党建引领品牌力更实

充分发挥支部思想引领作用，积极创新基层党建工作做法，总结经验，创新成果。凝练品牌有亮度，使支部做法有组织、能传播、易践行、接地气、可量化，形成可复制、可推广的电科方案。

初心社团悟初心 牢记使命育新人

电信工程学院学生党支部

一、工作思路

学生入党积极分子的教育培养需要在确定、培养、管理、考评的过程中加强教育引导，使入党积极分子的培养实现制度化、规范化、提质化。电信工程学院学生党支部积极探索培养入党积极分子的有效途径，形成党总支与党支部上下联动、党组织与团组织齐抓共管的格局，依托"初心社团"构建了入党积极分子教育培养"三环节、多任务"的"全程纪实、量化考核"工作体系（图4-154），实现了入党积极分子政治素质与作用发挥双提高，在确保学生党员发展质量的同时更好地教育和引导学生以实际行动践行工匠精神。

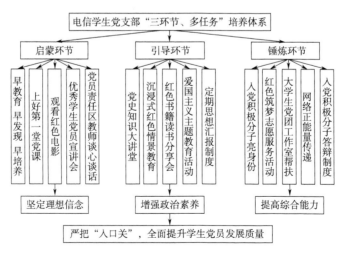

图4-154 学生党员培养体系

二、主要做法

（一）夯实理论基础，强化思想引领

一是深入学习党的二十大精神，开办"学党史、知党情"党史知识系列大讲堂活动。指导教师带领社团成员深刻理解与践行中国共产党人精神谱系，弘扬建党精神、红船精神、工匠精神等，使学生深入了解精神谱系形成的历史背景，准确把握精神谱系的科学内涵。二是开展"学团史、铸英魂"学习团史上的奋进先驱系列活动。在团学公众号上先后开设五期内容，引领社团成员学习中共早期青年运动领袖对待革命事业的专注力，以期更好地弘扬工匠精神。三是开展"理论热点面对面"学习交流分享活动。社团成员在骨干的带领下定期梳理所学理论知识，在指导教师的组织下开展交流研讨，尤其是与工匠精神相关的新思想、新论断。在此基础上开展"我心目中的经典"好书荐读活动，更好地帮助学生提升认知，更好地成长。四是组织入党材料规范化撰写系列讲座。指导教师为学生详细讲解思想汇报等材料的行文格式、汇报内容、注意问题、重要意义与写作方法，帮助社团成员形成"文出我手无差错"的精细化"工匠"思维（图4-155为社团专用记录本）。

图4-155 初心社团专用学习记录本

（二）开展各种活动，促进知行合一

一是开展"宣传冬奥文化 弘扬冬奥精神"冬奥会主题系列活动，旨在引领社团成员在参与中感知冬奥会里蕴含的工匠精神。在"汇集冰雪情 共燃冬奥梦"活动中，学生在轻松愉快的趣味活动里丰富冬奥知识、感受冬奥氛围、体验冬奥文化。在"讲好冬奥故事 砥砺奋进前行"——初心社团与冬奥志愿者云端相聚倾听"大思政课"活动中，邀请冬奥志愿者以生动的语言如数家珍般分享宝贵的志愿服务经历，激励学生珍惜青春岁月，在服务人民，奉献祖国的激情奋斗中绽放光芒；在"奥运精彩由我写"——冬奥会冬残奥会主题征文活动中，引导学生回忆并书写观赛中的欢笑与泪水，拼搏与梦想，精彩与荣耀。二是开展"致敬火焰蓝，传承初心红"主题活动。清澈的爱，只为祖国；美好青春，奉献给祖国——消防员等群体把最美的年华交给祖国、奉献人民，向保卫祖国平安的英雄群体致敬。三是召开"沉浸式"红色思想政治教育活动。针对当下青年学生在思想认知和价值塑造等方面出现的多样性及多变性，引入年轻人喜欢的剧本杀模式，将红色文化注入其中，向青年学生传递红色革命精神，用更沉浸、更深入的方式帮助其感悟革命历史，汲取前行的力量，以寓教于乐的形式让工匠精神教育真正热起来、活起来。四是开展志愿服务在"疫"线活动。通过分享志愿服务经历让学生体会到社区工作者的艰辛，感受为他人、为社会做贡献的乐趣，深刻体悟"奉献、友爱、互助、进步"的志愿服务精神，鼓励学生弘扬志愿精神，贡献青春力量。

三、工作成效

（一）青年学子的思想境界得以升华

一是激发了学生的爱国主义情怀，使学生在党团历史中汲取精神力量，进一步深化对工匠精神的认识，以奋发有为的责任感、担当实干的使命感、时不我待的紧迫感努力学习，为担负起中华民族伟大复兴的重任打下坚实基础。二是营造比学赶帮超的良好学习氛围，促使理论知识的学习和掌握在交流互鉴中融会贯通，不断在深化、细化、活化上做文章，为学生带来认知的提升与成长的收获，引导其养成"多读书、读好书、好读书"的良好习惯，为成为未来的大国工匠打下坚实基础。三是引导学生重

视文本精研深学，帮助学生真切认识入党材料的重要意义，使其深刻认识到思想汇报等文本材料是为了使党组织更好地了解自己，同时也进一步明晰只有主动接受党组织的教育和培养，积极向党组织汇报思想，才能早日加入党组织。

（二）青年学子精神面貌焕然一新

一是使学生感受到榜样的力量势不可挡。充分发挥北京冬奥会的育人价值，将鲜活的"冬奥大思政课"素材及时转化为工匠精神的育人范式，激励学生学习和发扬奥运健儿面对失败、面对一次又一次的摔倒，永不放弃、永不言败的坚毅品质。二是引领学生与祖国同呼吸共命运。使其认识到消防员等默默奉献的群体是值得敬重与爱戴的，更是我们所有人的英雄。英雄从不离去，精神赓续绵长，只有向"负重前行"的英雄们致敬，才能使学生真切地感受到今天幸福生活的来之不易，进而立志紧握同祖国、同时代一起成长的机会，肩负起中华崛起、富民强国的中国梦。三是激励学生贡献青春报效祖国，使其认识到参与志愿服务既是在帮助他人、服务社会，也是在传递爱心、传播文明，只有在服务他人、服务社会的过程中才能更好使自身能力得以发展完善，令精神和心灵得到满足，用心、用情激励学生将个人追求同国家前途紧密相连，用智慧与汗水为中华民族的伟大复兴贡献青春力量！

电信工程学院学生党支部将继续依托"初心社团"，以切实举措引领青年学子"学思用"贯通，"知信行"统一，不断增强思想政治教育工作的实效性，为高质量发展学生党员奠定坚实基础。

培养青年楼层小管家 培育学生党员工匠精神

生物工程学院学生党支部

一、工作思路

加快构建现代职业教育体系，培养更多高素质技术技能人才、能工巧匠、大国工匠，是党中央给职业教育提出的新要求，职业院校肩负着培养数量众多的工程师和工匠的责任。"执着专注、精益求精、一丝不苟、追求卓越"，这16个字生动地概括了工匠精神的深刻内涵，激励广大劳动者走技能成才、技能报国之路，立志成为高技能人才和大国工匠。将学生党员培养，作用发挥直达一线，同时将工匠精神的培育融入其中。结合"小巷管家"基层治理模式，落实党员发展中"发挥作用"的要求，以学生公寓为实践平台，开创"青年楼层小管家"党员培养机制，在培养过程中达到理论水平和实际行动"双提升，共促进"的局面，让学生在自我管理中不断将工匠精神内化于心，外化于行。

二、主要做法

（一）加强理论学习，培养执着专注精神

一是集中理论学习，工匠精神入脑入心。借鉴教职工每月理论学习制度，组织"青年楼层小管家"每月定期理论学习（图4-156），主要学习习近平总书记对于劳动精神、劳模精神、工匠精神的重要论述，把"工匠精神"的丰富内涵融入日常的理论学习中，不断提升"青年楼层小管家"的政治站位，强化意识形态，从思想层面加强"青年楼层小管家"的引导和教育，使"青年楼层小管家"对工匠精神的理解更加深刻，培养干什么就要干好什么的执着精神。

二是个人对标悟学，榜样力量砥砺前行。根据"青年楼层小管家"参

图 4-156 "青年楼层小管家"集中学习

与时间的不同，分层对同批的"青年楼层小管家"开展不同内容的教育。对于新入选的"青年楼层小管家"，主要以大国工匠先进事迹为基础，结合国家高精尖行业的发展历史进行学习，在"青年楼层小管家"心中厚植爱国情怀，种下"立志报国"的种子，对于有工作经验的"青年楼层小管家"，主要以"劳动精神""劳模精神""工匠精神"的理论知识为主进行学习，使"青年楼层小管家"能够更加系统地了解"劳动精神""劳模精神""工匠精神"，不断提升"青年楼层小管家"的理论水平，培养干事专注的特质。

三是研讨交流学习，匠人匠心重实践。以"青年楼层小管家"分享自己的学习心得体会为载体，在每个"青年楼层小管家"的责任宿舍范围内进行分享交流（图 4-157），强化"青年楼层小管家"的宣传作用，提升"青年楼层小管家"在宿舍范围内的影响力和模范带头作用，同时增强学生对工匠精神的理解，引领广大学生践行"技能报国"职教誓言。

（二）积极开展活动，培养精益求精精神

一是坚持以文化人，融入学生。为了使"青年楼层小管家"更好地融入宿舍工作中，开展学生感兴趣的文娱活动，使"青年楼层小管家"被同学们认可，为后期工作做好铺垫（图 4-158）。

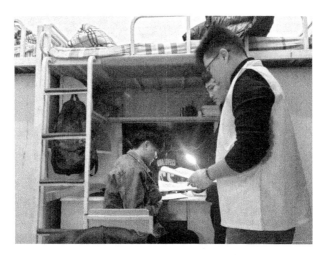

图 4-157   "青年楼层小管家"交流分享

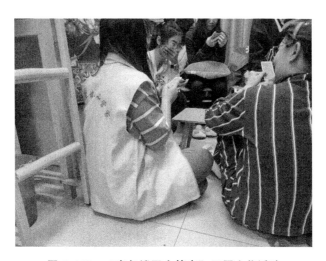

图 4-158   "青年楼层小管家"开展文化活动

二是管理育人，推动治理。依托"青年楼层小管家"前期活动的基础，营造良好的宿舍氛围，特别是对宿舍卫生的打扫、检查、反馈机制加以落实，发挥"工匠"精益求精的精神，在宿舍管理中敢于"动真碰硬"，在确保宿舍卫生达到要求的同时，引领广大学生养成良好的生活习惯，为提升宿舍文化打好基础（图 4-159）。

三是环境育人，严谨作风。在宿舍卫生状况整体提升的基础上，加强

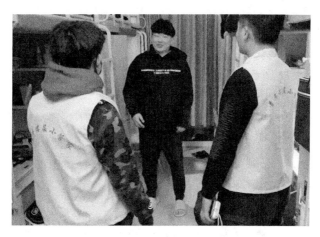

图 4-159　"青年楼层小管家"在宿舍开展工作

对宿舍文化的建设。结合职教学子特点，引领广大学生树立"强国有我，技能报国"的远大理想，引导广大学生把工匠精神的实质体现在学习生活的点点滴滴上，逐步建立"讲卫生、讲团结、爱集体、爱奉献"的良好宿舍文化，培养精益求精、一丝不苟的作风，同时，提升学生的凝聚力，强化组织意识（图 4-160 为楼层小管家合影）。

图 4-160　"青年楼层小管家"全家福

（三）交流实践心得，培养追求卓越的精神

一是通过思想汇报，精益求精讲收获。以"青年楼层小管家"中的学生党员、入党积极分子为主，结合他们的思想汇报，以集中交流为主，个别交流为补充，对工作当中对工匠精神的所思、所感、所想、所悟进行交流，既丰富了"青年楼层小管家"的工作体验，也为接下来"青年楼层小管家"的工作模式创新提供养料。

二是做好宣传报道，体现工匠精神元素。利用"生物小微"微信公众号，对"青年楼层小管家"的活动进行报道，宣传"青年楼层小管家"在宿舍的成绩，既能正向激励参加活动的学生，也能够树立良好的品牌带动效应，突出工匠精神元素，潜移默化地把工匠精神的内涵植入学生的内心（图4-161）。

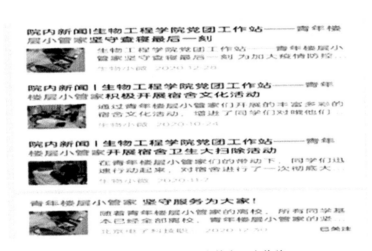

图4-161　"青年楼层小管家"宣传稿

三、工作成效

（一）理论学习有收获，思想境界新提升

通过内容多样、形式丰富的理论学习，"青年楼层小管家"的理论水平有了一定的提升，特别是对工匠精神能够有自己独特的见解，能够认同服务广大师生的理念，能够提升服务广大师生的质量，在日常工作中体现

大国工匠精益求精的严谨作风。

（二）实事求是办实事，引领宿舍新风尚

各种丰富多彩的宿舍活动，既能增强学生之间的友情，也能够形成团结友爱的宿舍氛围；通过落实宿舍管理制度，锻炼"青年楼层小管家"在困难面前"敢于斗争，善于斗争"的品质，发挥工匠精神的特点，不断打磨工作细节，确保所有工作落地、落实、落细；通过良好的宿风建设，既能强化学生的责任意识，也能增强学生的集体荣誉感。

（三）以点带面全辐射，全面发展新成就

通过参加"青年楼层小管家"系列活动，使学生党员和入党积极分子的综合能力显著提高。在技能竞赛方面，1人获得全国职业技能竞赛一等奖，2人获得全国职业技能竞赛二等奖，3人获得国家奖学金；14人获得北京市级职业能力竞赛奖项；17人次获得"挑战杯"创新创效大赛北京市级以上奖项；38人次获得"互联网+"大学生创新创业大赛北京市级以上奖项。在参与工作方面，2人获得北京市"先锋杯"优秀共青团干部荣誉称号，4人获得校长奖章，4人获得校级青年五四奖章，13人获得校级"优秀学生干部"荣誉称号。在志愿服务方面，通过选拔，1名"青年楼层小管家"参与服务北京冬奥会，"青年楼层小管家"的平均年志愿服务时长为90小时。

"三型五育"增匠心 校企协同立匠魂

经济管理学院学生党支部

一、工作思路

结合高职学生特点，创新实践"三型五育"党建工作模式，即建设学习型、服务型、创新型党支部，发挥沉浸式全员育人、全过程育人、全方位育人、实践育人、协同育人职能，积极探索高职院校学生党建工作的新模式。将专业技能培养与党建品牌建设相结合，将立德树人贯穿于整个学校学习与企业实践中，产学合作、协同育人，校企合力为国家培养优质技术技能型人才，把专业教育和基层党建工作转移到培养学生、服务社会、助推地方经济发展上，培育招之即来、来之能战的大国工匠。

二、主要做法

（一）丰富学习形式，突出学习内涵，构建学习型党支部

支部抓学习，强理论，促提升，不断诠释"匠心本色"，紧紧围绕学校中心工作和学校高质量发展，努力创新，开展特色工作。

一是认真落实"三会一课"、主题党日的要求，建立每周支委会、每月主题党日、支部书记讲专题党课的常态化学习研讨机制。做到支部学习有计划、有主题、有记录、经常化，营造全员学党史、知党史、讲党史的自主学习氛围。将党的二十大精神、党章党史、习近平总书记系列重要讲话精神、党的各项方针政策等学习，融入日常思想教育、支部"三会一课"、主题党日、主题班团日、重大节庆日等活动，把思想政治教育融进各个环节，把中国特色社会主义理想信念教育落实到各项工作中，增强理想信念教育的信服力，不断加强学生党员、积极分子思想政治理论水平（图4-162、图4-163为学生党员学习实况）。

图 4-162 党课学习

图 4-163 读书学习

二是通过建立读书角、"微党课"、运营微信公众号平台、开通视频号等载体，线上线下相结合，充分调动学生党员和入党积极分子学习的主动性和积极性，使每个学生党员和入党积极分子更加坚定理想信念，增强党的观念，在学生中更好地发挥先锋模范作用。

三是围绕"红色工匠"文化，进一步引导学生发挥文化先锋作用，融于时代、融入主流，占领意识形态高地，利用重大纪念日和重点文化基础设施开展红色根脉教育活动，提升文化育人成效。与"红色1+1"共建党支部以"学习百年党史，增强理想信念，坚守初心使命"为主题，围绕"习近平总书记在党史学习教育动员大会上的重要讲话精神""党的百年奋斗历程和伟大成就",共同开展党史学习课程,讲述中国共产党的百年征程和中国共产党人的初心使命(图4-164)。并通过论述党史中的典型案例,阐述中国共产党的精神之源,鞭策党员继续弘扬光荣传统,赓续红色血脉,把伟大建党精神传承下去,发扬光大。

图4-164 "红色1+1"共建活动

(二)开展志愿服务,发挥模范作用,构建服务型党支部

前往"红色1+1"共建党支部进行走访实践(图4-165),开展爱国主义教育活动,让学生在参观、学习、体验中回顾奋斗历程,总结发展经验,深刻了解党的二十大关于乡村振兴的战略,消除贫困,改善民生,全面建成小康社会,基本实现农业农村现代化,及2050年乡村全面振兴的三步走战略。通过开展志愿服务活动,达到在社会实践中教育学生党员的目的,增强学生的奉献意识和社会责任感,加强基层党团建设一体化,发挥学生党员的先进性和模范带头作用。不断强化党建引领,推动组织共建、实事共办、资源共享、发展共谋,积极探索基层党建的新思路、新举措,共同推动学院党团建设的高质量发展。

(三)加强制度创新,增强支部活力,构建创新型党支部

一是合规守纪凝匠心,打造有精度的党支部。进一步完善和创新发展学生党员的工作机制。发展学生党员工作是学生党支部建设的重要内容,通过完善创新工作机制,建立学生党员发展量化评价体系,提高考评的可靠性、准确性、客观公正性和可操作性,真正实现党员发展工作的透明

图 4-165　社会实践

化、制度化，将定量打分和定性描述结合起来，真正做到既增强党组织的生机和活力，又保质保量地扩大党员队伍。

二是开拓创新"党员预备班"。面向未满 18 岁新生中的共青团员，由学院党员教师、学生党员讲授党课，对其开展党的基础知识普及教育，助其明确人生目标和价值，树立起共产主义理想信念，端正入党动机，增强学员的使命感和责任感，提高党性觉悟，为早日加入党组织打下坚实的基础。

三是培育学生"专业化"，铸匠心，开展有经管专业特色的主题党日活动，展现学生风采，发挥学生干部的带头作用。建设"一站式"社区（图 4-166），提升育人成效。深入学生宿舍，从党建引领、生活服务、竞赛指导、学业规划、创新创业、心理咨询和第二课堂活动等七个方面，精心打造经管学院"一站式"七彩服务园地，进一步丰富学生党支部党日活动形式。

（四）夯实立德树人阵地，创新全员育人机制

进一步强化党员教师的引领作用，以"怀匠心育匠人"为目标，抓实"以德树人、以技育人、以文化人"的人才培养理念，在讲授专业知识的同时注重对学生品德、品行的培育，深化教学改革，促进学生全面成长成才。通过召开学生春季、秋季思想动态调查座谈会，指导班级开展主题班会、党史学习教育活动、爱国卫生运动、垃圾分类"守桶行动"、"厉行勤俭节约"、"永远跟党走"班级板报评比以及优秀基层组织创建活动、参观

图 4-166　一站式社区

展览馆（图 4-167）等，把思想政治教育融进各个环节，把中国特色社会主义理想信念教育落实到各项工作中，增强理想信念教育的信服力。

图 4-167　主题参观活动

（五）把握学生成长规律，实现全过程育人

把握学院学生不同阶段的特点和成长规律，有针对性地引导和培养，进一步提升人才培养质量。第一学年开展新生引航工程，支部全体党员讲

好开学第一课，从弘扬工匠精神，厚植工匠文化着手，充分挖掘工匠精神的时代内涵，将工匠精神与思想政治教育有机融合，增强学生的政治觉悟，帮助学生树立正确的世界观、人生观、价值观。第二学年与各教学系支部建立联合培养模式，对学生进行"专业化"培育，铸匠心，提升专业能力。通过开展外语文化节，与招商局物流集团共同举办快手打字比赛、巧手PPT制作比赛、创新创业大赛等。为培养学生适应社会的能力，将所学知识运用到实际操作中，提升团队合作精神、动手实践的能力、与人沟通的能力、分析问题和解决问题的能力，全年组织学生参加"互联网+""挑战杯""振兴杯""发明杯"等比赛，为就业、创业奠定扎实基础。第三学年以"匠心筑梦"为目标，加强学生就业、创业能力的提升。学生党支部通过多种形式多措并举，着重为学生讲解创业政策，分析当前就业形势，开展毕业生"踔厉奋发启新程，笃行不息向未来"线下双选会，开设"职·分享"就业信息分享专栏，持续为毕业生提供就业信息，分层级、分类别进行精准就业指导，对就业困难学生进行"一对一"手把手帮扶，全面做好毕业生的就业推荐工作。

（六）拓宽人才培养途径，做好全方位育人工作

线上线下双联动，全力以赴育"匠人"。线上打造学生喜爱的"经管心视角"微信公众号和视频号，以学生喜闻乐见的形式进行思想宣教。线下利用晚自习、二课堂、一站式社区等，开展"经管大讲堂"活动，邀请支部党员、专业教师、企业家、优秀毕业生等参与主讲，内容包括思想政治理论、文学、军事、艺术、法制安全、专业知识、创新创业等方面，强化理论修养、提高政治素养和专业技能，全方位为国家培养技术技能型人才。

（七）提升学生综合素养，扎实推进实践育人

结合经管学院的专业特色，党支部"别具匠心"的实践创新，从关心关爱学生学习生活、创建良好校风学风、弘扬中国传统文化、传承红色基因等多方面入手，组织开展丰富多彩的校园文体活动，如少数民族学生座谈会、英语趣配音、高能学霸笔记、学生干部系列培训、体验非遗文化、走进"北大红楼"、成立学习贯彻习近平新时代中国特色社会主义思想主题教育专题读书班，不断培养学生自主学习、勤于思考的能力、勇于拼搏的精神、爱国主义的情怀，进一步拓宽社会实践、志愿服务、创新创业平台，以及服务社会的本领，全面提升学生的综合素质（图4-168）。

图4-168　志愿服务

（八）校企融合双向赋能，党建引领协同育人

党支部积极落实新时代党建工作新要求，深度拓展产学合作、协同育人新思路，实现企业、学校、学生共同健康发展。目前，学生党支部累计完成包括北京房山韩村河、保利物业北京公司、北京经济技术开发区消防救援支队、北京亦庄城市服务集团有限公司、亦庄亦城名苑社区、用友新道科技股份公司、马栏村红色革命教育基地、椴木沟村"阿芳嫂"黄芩种植专业合作社在内的8个校外育人基地挂牌，逐步构建实践育人基地矩阵（图4-169为保利物业共建实践育人基地授牌仪式）。着力与乡村、企业、开发区实现资源共享、优势互补、合作共赢，在乡村振兴、订单招生、学生实习、入职就业以及职业素养培训等方面协同推进实践育人，构建校企共融、互动发展的新模式，助力学生从校园到社会的过渡，合力为国家培养优质技术技能型人才。

三、工作成效

（一）创新了工作方法，发挥出支部战斗堡垒作用

学生党支部结合学生自身特点，根据实际情况明确党员责任，确保工作实

图 4-169　实践育人基地——保利物业管理（北京）有限公司

效，提高了服务学生的能力，全面增强了学院基层党组织的战斗堡垒作用。

（二）增强了责任意识，发挥出党员主动担当精神

学生党支部成员主动帮助在思想上还有模糊认识的学生，通过谈心谈话、调查研究、征求学生意见、听取学生汇报等形式，动态了解学生情况，制定个性化帮扶方案，充分发挥党员的先锋模范作用。

（三）锻炼了学生骨干，发挥出党员先锋模范作用

以学生党员和学生骨干为牵头人，带动学生群体参与校内各项活动和社会实践，唤醒学生群体自我教育、自我管理和自我服务的意识，充分发挥了学生骨干的力量。

一个党员就是一面旗帜，一个支部就是一个堡垒。工匠精神是中华民族严谨认真、坚忍不拔、追求卓越的民族气质，是中国共产党人精神谱系的重要组成部分。学生党支部将继续秉承为党育人、为国育才的初心，坚持党建引领示范、思政教育先行，牢记习近平总书记的嘱托，着力培育富有执着专注、精益求精、一丝不苟、追求卓越精神的高素质技术技能人才、能工巧匠和大国工匠。

绘制时分秒三针走法图 助力工匠精神培育

生物工程学院综合教学党支部

一、工作思路

坚持以习近平新时代中国特色社会主义思想为指导，深入贯彻落实党的十九大和二十大精神，以党的政治建设为统领，以提升支部组织力为重点，巩固"不忘初心，牢记使命"主题教育成果，落实落细"我为群众办实事"要求，大力弘扬"敬业、精益、专注、创新"的工匠精神，发挥支部战斗堡垒作用和党员先锋模范作用；以落实立德树人为根本，把思想政治工作贯穿教育教学全过程，实现全员育人、全过程育人、全方位育人，为培育大国工匠贡献力量，为学校"建高升本"凝聚智慧。

二、主要做法

生物工程学院综合教学党支部现有党员 13 名，由党政综合办公室、教学运行办公室、实训中心、中试基地四个部门组成。支部通过"思想'时针'不偏移，爱岗敬业夯基础；行动'分针'不迟慢，精益创新显担当；作风'秒针'不停歇，专注纪律挺在前"的三"不"走，不断加强支部建设，涵养工匠精神，紧紧围绕学校和学院的重点任务开展工作。

（一）思想"时针"不偏移，爱岗敬业夯基础

一是坚持理论武装，筑牢信仰之基。通过细化教职工每月理论学习和开展主题党日活动，不断丰富学习形式，强化支部党员的工匠精神意识，深刻领悟工匠精神的内涵与意义（图 4-170 为支部学习实况）。

二是加强队伍建设，担起干事之责。通过几年的建设，支部政治功能不断加强，捋顺了部门联动机制，支部党员爱岗敬业、团结协作，形成优势互补，在实验室安全、危险化学品管理、师资队伍建设、教学运行等方

面发挥作用，为学院高质量发展贡献力量。

图 4-170 每月党支部理论学习

（二）行动"分针"不迟慢，精益创新显担当

支部扎实推进党史学习教育，精益求精，创新工作的方式方法，为师生办实事 17 项，在发挥党支部战斗堡垒和党员先锋模范作用中勇担使命。

一是做好师生的"服务员"，落实"三全育人"责任。党支部中有 6 人直接参与班主任、助理班主任工作，多人参与课堂巡查、学生宿舍检查工作。在服务育人、管理育人和实践育人方面发挥重要作用。二是做师生的"安全员"，共建平安校园。党支部加强危化品管理和实验安全教育，定期做好开学、节假日、敏感期的安全稳定工作。协助党总支制定、签署"个性化"的安全责任书，层层压实安全稳定责任。三是做师生的"勤务员"，解决老大难问题。帮助行动不便的教师打饭、搬运轮椅、跑腿办事。为教师购置 2 台按摩椅；为专任教师配备扩音器，缓解教师嗓子不舒服情况。不定期排查实训室桌、椅及安全设施，检查并更换实训室小药箱药品，为生物楼 16 个卫生间洗手池加装热水器，为宿舍学生解决阳台晾衣不方便的问题等等替师生办实事（图 4-171 为办实事实况）。

在新冠肺炎疫情防控期间，先后为教师制作"健康打卡""线上教学运行"等各类小程序 10 余个。支部党员主动参与联系班级学生管理工作，减轻班主任的负担。7 名党员和 3 名非党员教师协助班主任参与学生管理、毕业班级学生行李打包工作。1 名党员教师志愿服务校内核酸检测，1 名党员教师以在职党员身份主动在居住社区连续执勤 10 余天，社区向学校党委发来"感谢信"。

图4-171　为专任教师配备扩音器

（三）作风"秒针"不停歇，专注纪律挺在前

一是落实"三会一课"制度，严肃党内政治生活。持续推动党支部真正"严"起来、"活"起来、"强"起来。注重从身边发现并培养优秀教师向党组织靠拢，2019年发展教师党员1名。表彰在工作中表现突出的党员，树立榜样和标杆，号召其他党员向其学习，积极发扬工匠精神。

二是监督党员履行义务、遵规守纪及时到位。推动学院规章制度率先在支部落地。通过规范询价小组流程、参与党风廉政监督、签订党风廉政建设责任书等方式，将从严治党在支部延伸。

三、工作成效

（一）提升规范化建设，战斗堡垒作用更加凸显

通过认真分析找准党支部发挥作用的切入点和着力点，支部规范化建设进一步加强，支部党员工匠精神意识有效提升，工作水平与服务意识得

到强化。支部委员、党员参与标杆院系培育建设，积极融入"小支部、大总支"的党建组织中。通过做好样板支部建设培育，以评促建，支部组织力进一步提升。

（二）破除职能界线，凝心聚力效能更加显著

支部围绕学院中心工作，把组织优势转化为工作效能，不断提高支部党员的政治判断力、政治领悟力、政治执行力，发扬"拓荒牛、老黄牛、孺子牛"的"三牛"精神。在党建工作、行政管理、教学运行、后勤保障、实验安全等各方面形成发展合力，以实际行动践行工匠精神，提高师生满意度。

（三）争做党员标杆，先锋模范作用更加彰显

优秀党员以身作则，带动其他党员践行工匠精神，共同推动工作质量提升。自2022年以来，党员指导学生参加全国技能大赛获二等奖1项，市级一等奖2项；全国"互联网+"大学生创新创业大赛二等奖1项，北京市三等奖1项；德国柏林国际数字化人才创新大赛中国赛区选拔赛获优秀奖1项。支部党员2人入选药品生物技术国家级职业教育教师教学创新团队，1人获北京市职业院校教学成果二等奖，2人获评北京市职业院校技能大赛优秀指导教师，1人获北京市教育系统教职工优秀书画作品二等奖，1人获2022年度校级新闻宣传工作先进个人。参与北京市科研课题3人次，校级重点课题1人次，校级一般科研课题8人次，校级党建课题3人次，第一作者公开发表党建论文2篇。

"三心"党建工作模式

集成电路学院（人工智能学院）综合教学党支部

一、工作思路

深入学习贯彻习近平新时代中国特色社会主义思想，全面贯彻党的十九大和二十大精神，落实立德树人根本任务，立足职业教育特点，以工匠精神抓党建、强支部为切入点，创新探索"铭初心做表率、融匠心强堡垒、汇诚心比奉献"的"三心"党建工作模式，凝心聚力，打造一支政治强、素质优，业务精、效率高、作风硬、形象好的党员队伍。为学校高质量发展提供有力保障、贡献智慧力量。

二、主要做法

（一）以坚如磐石的忠诚精神，推动党史学习教育常态化、长效化

一是带领支部全体教职工扎实开展理论学习，全面、系统学习、宣传、贯彻习近平新时代中国特色社会主义思想，夯实思想根基。2022年组织学习研讨16次、党课学习3次，认真学习贯彻上级下达的精神。二是切实把学习贯彻党的二十大精神落实到位，第一时间组织党员观看党的二十大开幕会直播盛况、撰写心得体会，持续深入学习《中国共产党章程（修正案）》、二十大报告，引导支部全体党员把思想真正统一到党的最新精神上来，统一到以习近平同志为核心的党中央决策部署上来。三是创新理论学习形式，采用大家讲、轮讲领学等多种方式调动广大党员的积极性（图4-172）。充分利用互联网技术和信息化手段，利用"学习通"网络教学平台，创建支部理论学习课程，课程资源丰富，视频、动画、网络资源等应有尽有，全体党员不仅能随时学习，还能随时复习，参加讨论，开展学习成果测试等，让支部党员和教职工理论学

习更加灵活便捷。

图4-172　综合教学党支部采用"轮流讲，大家讲"的方式开展理论学习

（二）以精益求精的专业精神，落实基层党建责任

一是坚持把政治建设摆在首位，坚定不移地用习近平新时代中国特色社会主义思想凝心铸魂。认真落实"三会一课"、组织生活会、民主评议党员等制度，严肃党内政治生活。促进党员履职担当、攻坚克难，发挥先锋模范作用。二是持续深入推进党支部标准化规范化建设。从规范党支部会议程序及记录抓起，坚持支委带头，做出抓支部党建工作的公开承诺，明确每位支委的党建职责，让全体党员督促支委兑现抓党建的承诺。三是每年两次党员"政治生日"活动（图4-173），通过重温入党誓词、讲初心故事及赠送政治生日贺卡等环节，激励全体党员不忘崇高理想，再燃激情、擦亮誓言、坚定信仰、净化心灵，提升人生追求，在习近平新时代中国特色社会主义思想指引下奋力前行。

（三）以舍我其谁的担当精神，创建服务型党支部

一是通过开展"疫情防控践初心，勇于担当做表率"，"推进三全育人，改进教风学风"大讨论及毕业生打包离校志愿服务等主题党日活动，带领全体教职工立足本职岗位，将学思践悟融入日常，努力在学而思、学而悟、学而行上持续努力。二是党建中心工作互促互融，支部引领三个部门凝心聚力，统筹兼顾，把党建工作融入中心工作，在不同的岗位考验锻炼每一名党员。支部引导党员牢记服务宗旨，强化育人理念。培养党员为

图4-173　综合教学党支部政治生日主题党日

群众办实事、办好事、解决问题的能力，帮助党员不断提高业务能力、办事能力和应急能力。

三、工作成效

支部通过样板支部创建和"三心"党建品牌建设活动凝心聚力、砥砺前行，支部建设扎实推进。

一是在支部的带领下，党政综合办、教学运行办和实训中心三个部门的教职工服务育人意识、服务能力不断增强，在防疫抗疫、线上线下教学管理保障和固定资产管理等重要工作中勇于担当，积极作为，出色地完成了各项任务。

二是支部提出"铭初心做表率、融匠心强堡垒、汇诚心比奉献"的要求，号召每个党员在工作岗位上发挥示范引领作用，主动作为，积极担当，为师生提供热情专业的服务。三个部门的工作得到了全院教职工的认可。

三是支部引领三个部门齐心协力，在学院运行管理、保障等日常工作及疫情防控等重点工作中，每一名同志都发挥了积极作用，在急难险重的工作中敢担当、勇往前，互相配合，及时补位，出色地完成了各项任务。

"三强三心铸三型"特色党建品牌

经济管理学院综合教学党支部

一、工作思路

综合教学党支部以践行和弘扬工匠精神，为基层党建工作品牌建设注入活力为主线，把基层党建工作品牌的创建与工匠精神的本质和理念融为一体，以打造"强意识、强能力、强服务，立心、有心、用心，学习型、务实型、创新型"为目标，以极致专注、追求卓越的匠心铸魂精神，着力创建"三强三心铸三型"基层党建特色服务品牌。

二、主要做法

（一）加强基层组织建设，强化党性意识

一是学习锻造工匠精神，磨砺党员初心。支部重点突出思想政治建设，强化学习效果。支部认真组织、持续有效地抓好普通党员、支部委员及行政管理人员的学习，在"精、细、实"上下功夫，形成齐抓共管的学习氛围，从而带动支部党员的学习热情；支部创新学习内容，将工匠精神融入人心，利用新媒体的优势，转发工匠精神宣传片，对工匠事迹和精神进行解读，了解工匠事迹，感受工匠精神，提供强大动力（图4-174、图4-175为支部党员参观校内党员实践基地情况）。将共建融入学习过程，让支部建设"走出去 请进来"。我支部与亦庄博兴消防支队开展"红色1+1"共建活动（图4-176），共同交流学习；支部创新理论学习和主题党日活动多样化模式，组织党员观看电影《长津湖》（图4-177）。这些活动创新了交流方式、丰富了交流内容、共享了建设成果。通过活动的开展，切实增强党员教师对自身责任和使命的认识，既丰富了党建工作的内涵，又让工匠精神在学院人才培养和教育教学工作中形成共识，营造良好氛围。

图 4-174　参观航空工程学院飞机实训基地

图 4-175　参观汽车工程学院党建展览馆

图 4-176　与亦庄博兴消防支队开展"红色 1+1"共建活动
实地体验使用消防救援设备

图4-177　观看红色影片《长津湖》

二是以管理锻造工匠精神，强化党员管理。支部认真落实"三会一课"制度，抓支部建设和支委建设。支委成员之间坦诚沟通、团结配合，各部门互帮互助、信息畅通，使工作中存在的矛盾和问题得到了疏缓和解决。通过开展"身边人我来夸、身边事我来说"等活动（图4-178），激发和调动党员群众的爱岗敬业情怀和工作积极性，增加了党员群众的凝聚力。

图4-178　开展创新型主题党日活动——"身边人我来夸、身边事我来说"

（二）发挥先锋模范作用，改进工作作风

一是抓好师德师风，强化责任担当。支部始终提倡党员教师用工匠精神筑牢教育者的根和魂，在教育一线锤炼师德。在每月的理论学习中，支

部始终把师德师风教育作为集中学习中必学的一项，通过文件、案例的学习，始终强调支部成员以身作则、发挥党员教师的"排头兵"作用。

二是改进工作作风，加强纪律教育。支部通过开展党风廉政专题学习、支部书记专题党课、案例警示教育等活动约束党员，使其时刻保持党员先进性，做到不碰红线、不越底线。党建业务中以钉钉子的精神做细做实各项工作，使党建工作在规范化的基础上，进一步系统化、责任化、实体化，以工匠精神打造党建品牌。

（三）倡导奉献精神，强化服务意识

中国共产党党员必须全心全意为人民服务，不惜牺牲个人的一切，为实现共产主义奋斗终身。这是党章中所强调的党员应具有的无私奉献精神。

一是锻造积极主动的工作态度和持之以恒的韧劲。支部教育引领党员教师心怀理想，坚定信念，发扬工匠精神，扛起责任和使命，从实际出发，将理论和实践相统一。引领党员教师在工作中"立心"：立责任之心，在新时代高职教育阵地上勇于担当；立进取之心，在学校发展的过程中攻坚克难，担负起全员育人的使命。在此基础上，支部组织党员开展"春风行动"，每天早上志愿在学院门口执勤，检查学生迟到、口罩佩戴、带餐饮进楼的情况；支部党员、群众教师自愿参加实训室卫生管理（图4-179），解决了实训中心人手不足的问题；支部提出建议，购买安装吸烟报警器，间接起到管理监督厕所吸烟情况的作用，支部所属党员分别在两个楼层自发当起禁烟监督员；支部书记帮扶本支部党员班主任共同管理班级，参与学生宿舍管理，班级管理，学生谈话，为学生管理工作提供了有力的支持。

二是发扬精益求精的工匠精神和至臻至善的情怀。我支部党员干部树立"工作无小事，细节是大事"的观念，在工作中时刻从学院发展角度出发，想师生所想，急师生所急。在工作中提倡锤炼服务质量，营造良好共管氛围；针对学院女性师生偏多的情况，加装了洗手池热水器装置（图4-180），保障女性身体健康；实地测试残疾人便道的实用性，建议更改残疾人专用道，提高了这项设施的实用性。学院党总支在我支部提出的意见建议基础上迅速组织实施改进，支部工作为学院师生学习、工作和生活起到了良好的促进作用。

图 4-179　协助实训中心教师检查实训室卫生

图 4-180　厕所加装洗手热水装置

三、工作成效

一是党建工作接地气、聚人气。"弘扬工匠精神"不是口号,贵在实践和创新。支部党建工作立足用心,有效地改善了各方面的关系,形成了干群关系和谐,人人争先树优的氛围。支部开展的各项活动,结合部门特点、企业实际,以及党员、群众、员工的特点,真正让党员干部群众在喜闻乐见的活动中提升了觉悟,接受了教育。

二是党建工作有计划、有提升。党员干部在工作过程中要像工匠求艺那样,执着坚持,攻坚克难。支部党建工作立足培养和弘扬工匠精神,在急难险重的任务面前,锻造了党员迎难而上的勇气、百折不挠的毅力和坚持不懈的韧性。我支部党员做到了经得住考验、受得住挫折、忍得住痛苦，在各项挑战中推动了工作的落实，取得了骄人的成绩，并且把在实践中取得的经验长期坚持、不断完善，党员的能力得到了锻炼，党支部的凝聚力和战斗力得到了提升。

以行动践行初心使命 用实干诠释责任担当

艺术设计学院综合教学党支部

一、工作思路

红色基因赓续奋斗，红色动能引领发展。艺术设计学院综合教学党支部深入学习宣传贯彻党的二十大精神，坚持"围绕中心抓党建、服务师生促发展"的理念，强化管理育人、服务育人功能，转变工作作风，创新管理服务方式，引领支部党员立足岗位、敬业奉献，切实将党的政治优势、组织优势转化为学院发展优势，多措并举做深走实"我为师生办实事"，不断增强基层党组织的创造力、凝聚力、战斗力，打造坚强有力的基层战斗堡垒，为学校"建高升本"、培育大国工匠奉献力量。

二、主要做法

（一）抓住中心任务，彰显工匠精神

综合教学党支部作为直接服务于学院教职工和教师的基层党组织，牢记为党育人、为国育才的初心和使命，紧扣"为师生办好事，办好师生的事"这个中心任务，把准工作方向，明确综合办、教运办工作的切入点和支撑点，积极建立"全员服务不停歇"的常态服务机制，畅通多种服务渠道，推动形成以党支部建设带动本职工作，同心共向、同频共振的局面，让全院师生切身感受到管理服务功能的改进和提升，充分彰显党支部的攻坚克难堡垒作用、党员的先锋模范作用，以高质量党建引领保障学院各项工作落实（图4-181为支部党员交流实况）。

党支部建立健全党建与业务中心工作深度融合机制，支部除研究党建工作外，还将教职工管理提升、保障服务等工作内容纳入"三会一课"范畴适时进行研究，有力、有效地促进党建工作与业务中心工作深度融合。

图 4-181　支部党员交流管理服务工作经验，打造暖心工程

（二）立足教育培训，打磨工匠精神

综合教学党支部坚持党员教育精准化，及时组织支部党员学习北京市第十三次党代会精神，党的十九届七中全会、党的二十大精神，推动党的创新理论深入人心，引导党员传承红色基因，赓续红色血脉，永葆忠诚之心，筑牢忠诚之魂，履职担当尽责，让理论学习补足党员干部的"精神之钙"（图 4-182 为支部学习实况）。

图 4-182　支部政治理论学习，提升理论基础

一是支部依托"三会一课"、主题党日等，坚持"会上+会下"双结合，把学习抓在经常、融入日常，做到日有所学、日有所进，让党的创新

理论更加深入人心，让学习"深下去"。通过支部书记主讲、支部委员领学、党员轮流分享等方式，营造浓厚的学习氛围。

二是充分发挥新媒体平台作用，创新"线上+线下"联动机制，让党的创新理论学习不受时空限制，随时随地可以学习，让党的创新理论学习"不打烊"。

三是支部充分利用"校内+校外"资源搭建平台，引导党员将学习过程中激发出的信念和信心转化为身体力行地为群众办实事的具体行动。

（三）着力素质提升，锤炼工匠精神

综合教学党支部充分调动党员在支部党建中的积极性、主动性、创造性，创新党支部学习方式、活动形式，采取支部书记带头学、支部优秀党员示范学、支部普通党员结对学等方式开展支部学习活动，不断增强党支部的凝聚力和战斗力。

一是开展红色教育活动，以党员大会、支部书记上党课、组织学习培训等多种形式提升党员的整体素质和理论水平。以学促思、以思促践、以践促悟、以悟促行，坚持不懈用党的创新理论凝心聚力，把学习成果转化为推动学院各项事业高质量发展的强大动力。

二是支部活动围绕提升政治领导力、思想引领力、群众组织力、社会号召力进行，将学院重点问题、党员关心的实际问题纳入组织生活，做到"导向上有创见、策划上有创新"。

三是支部坚持党建工作和业务工作一起谋划、一起部署、一起落实、一起检查。在公文处理程序、业务处理流程、规范服务标准、提升服务效果方面，通过党建工作引领和推动业务工作，并用业务工作检验党建工作的成效，实现党建工作与业务工作同向聚合、深度融合。

（四）提供热忱服务，巩固工匠精神

党支部聚焦教学管理的重点难点，结合支部所辖部门的岗位职责，以服务师生为根本，面对教学、管理、服务等方面临时性的急难险重任务，冲锋在前，充分体现党的组织力和凝聚力。

一是"民有所呼，我有所应"，持续提升管理服务水平。办事实现从"分头办"向"协同办"、从"多次办"到"一次办"转变，让管理服务更便捷、更高效。推进管理服务标准化、规范化、便利化，更好地满足师

生群众的需求。

二是深入系部，及时处理问题。协调解决工作中遇到的困难和难题，以"我为师生办实事"为抓手，满腔热情关心教师和学生，积极为教师提供更多的支持和更好的服务，让教师安心从教、学生安心学习（图4-183为支部党员在疫情期间工作实况）。

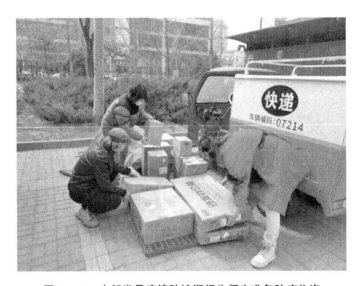

图4-183　支部党员疫情防控期间为师生准备防疫物资

三是用心用情，关爱老同志。每年对退休教师开展走访慰问活动，定期组织健康体检和健康讲座，积极向老同志推送才艺展示活动平台，坚持以人为本，确保关心服务工作到位，积极回应离退休老同志的急难愁盼问题，有针对性地助力解决他们的实际困难，用心用情护佑老同志的生命健康，把学校和党组织的关心送到老同志的身边、送进老同志的心里。

三、工作成效

（一）支部战斗堡垒作用发挥明显

支部执行力显著提升。"上面千条线，下面一根针"，党支部就是贯彻落实学校各项政策的"针"。支部党员齐心协力、统一认识，支部的合力充分发挥，支部在实训基地规划、人才培养方案论证、艺术设计高水平专业群建设、数字媒体艺术设计本科专业申报等各项重点工作中，强化党建引领，聚焦主责主业，积极担当作为，全力攻坚克难，坚决为学校的各项工作"保驾护航"。

（二）支部党员先锋模范作用显著提升

大幅提高服务质量。开展党员"四亮"活动：亮身份树形象、亮职责强担当、亮目标当先锋、亮实绩显成效。认真梳理学院综合办和教运办所涉及的相关职责；完善办事流程、服务承诺；组织支部党员认真学习对照党章党规有关要求，结合岗位职责和实际情况，就思想、工作、纪律、作风、服务群众等方面做出承诺。以钉钉子精神担当尽责，推动党支部工作全面进步、全面过硬、全面提升。

"书"写匠心

机关图书馆党支部

一、工作思路

图书馆党支部以工匠精神为着力点，通过工匠精神展示平台的建设活动，使馆员成为工匠精神的践行者。

图书馆发挥自身优势，搭建工匠精神平台。作为文化场所，创建工匠精神文化馆。作为文献资源中心，创建工匠精神资源库；作为文化建设的重要组成部分，开展工匠精神文化活动。用文化场馆、资源、活动"书"写匠心。

馆员成为工匠精神的践行者，发挥精益求精的精神，读者至上的服务精神，追求卓越的创新精神，提高工作水平，用业绩"书"写匠心。

二、主要做法

（一）创建工匠精神文化馆

深入挖掘编辑校史馆有关工匠精神的资料。学校校史馆坐落在图书馆一层西侧，于2018年建设完成。2023年，学校对校史馆中的工匠精神资源进行充实、整理和利用，收集了工匠精神有关资料，充实了校史馆工匠精神资料，收集了大师工作室资料、优秀毕业生资料、企业名师资料。

录制校史馆工匠精神宣讲视频。校史馆作为文化场所，充分展示工匠精神。入口处写着"奔腾不息 匠心恒古"（图4-184），顶棚上有一个由64个形状各异的匠字组成的图案（图4-185）。各个展示区也体现了工匠精神，校区合作淬炼工匠精神，技能大赛铸造工匠精神，大师教导传承工匠精神，学校发展历程谱写工匠精神（图4-186）。

图4-184 校史馆正门

图4-185 校史馆入口"匠字图"

（二）建设"工匠精神"文献资源库

1."工匠精神"纸质资源库建设

一是开发现有馆藏中体现工匠精神的图书资源，发布好书推荐。2022年11月15日在图书馆微信公众号发布《【好书推荐】"工匠精神"——这

图 4-186　校史馆学校工匠人才展区

几本书带你追求卓越品质》一文。文中推荐的书有：《大国工匠》《工匠精神与职业教育》《工匠精神：开启中国精造时代》《守望匠心：大国工匠的时代》《传班墨文化 弘工匠精神》《中国古代的工匠》《人工开物》《鲁班传》等。

二是购买体现工匠精神的新书，发布新书推荐。2023 年 2 月 2 日，在图书馆微信公众号发布《【好书撷英】工匠精神专题——传承匠心 追求卓越》一文。文中推荐的新书有：《主体性视角工匠精神研究》《新时代技术技能人才工匠精神培育研究》《工匠精神》《互联网+工匠精神》《带着工匠精神去工作》等（图 4-187）。

三是不断充实与工匠精神相关的图书、期刊、报纸等纸质资源。

2. "工匠精神"数字资源建设

一是丰富文稿资料。利用图书馆数字资源库中的百度文库，收集有关工匠精神的文档资料。二是丰富电影资源。利用图书馆数字资源库中经典电影资料库，收集有关工匠精神的影视资源，例如，《黄大年》《铁人》《青藏线》《天渠》《八步沙》《横空出世》等。三是丰富讲座资源。利用图书馆数字资源库中超星名师讲坛，收集有关工匠精神的讲座资源。四是丰富纪录片资源。利用电视和网络，收集有关工匠精神的纪录片资源。五是丰富学校大国工匠资源，与有关部门联系，收集大师资源。现收集有赵

图 4-187　图书馆微信公众号发布馆藏图书中体现"工匠精神"资源的好书推荐

郁大师相关资源，包括大师的个人介绍、大师工作室、大师讲座、大师访谈等。六是留存学校技能大赛资源，收集学校师生参加技能大赛时保留的珍贵图像、视频资料，进行归档保存。七是收集其他数字资源，例如，大国工匠年度人物发布仪式等。

（三）开展"工匠精神"文化活动

1. "工匠精神"资讯大讲堂

组织工匠精神专题讲座，如"人工智能为城市高质量发展赋能""数字化智能化重构未来""瞻望 2023 医疗器械创新发展论坛""元宇宙如何入局 2023"等。讲座所邀请的嘉宾都是某一个领域的尖端技术人才、专家、学者，通过聆听讲座，感悟专家学者身上的工匠精神。

在图书馆一层报告厅播放体现工匠精神的电影《狙击手》《中国机长》《攀登者》《守岛人》等，让师生在观影过程中，既获得了心灵的愉悦，也体悟了工匠精神，在潜移默化中培育工匠精神。

2. "工匠精神"征文活动

开展"工匠精神"征文活动，收集相关征文进行评比，共 100 余名教职工参加，通过征文活动，使工匠精神在广大教职工中更加深入人心。

三、工作成效

图书馆馆员在业务工作中践行工匠精神，具体表现如下。

（一）图书资源建设业务工作体现精益求精的品质

1. 图书著录工作中精益求精

图书著录是图书编目工作中的一项重要内容，是指按照某一著录规则，对揭示图书形式特征和内容特征的规定信息源进行正式记录的过程。每一本图书的著录信息包括 ISBN 号、正题名、题名拼音、副题名、分辑号和分辑名、卷册号、第一责任者与其他责任者、从编名、从编者、文献类型、分类号、书次号、索书号、主题词、版本版次、出版者与出版地、出版年、图表、页数、装订、作品语种、价格、附件、尺寸、一般附注、内容提要、馆藏地、条形码、登录号、复本数等 30 多项信息。图书馆专业馆员会将图书信息按照一定的著录规则录入图书信息系统，工作一丝不苟，做到准确无误。

2. 图书贴标盖章工作中精益求精

馆员在图书贴标盖章工作中精益求精，追求品质。第一，贴条形码。在题名页出版社的上方两毫米处贴条形码。第二，两处盖章。盖"图书馆专用馆藏章"：第一处在题名页条形码的上方两毫米处，第二处在图书第25 页页码处。第三，贴索书号。在书脊距离书底端 3 厘米处贴索书号。第四，贴保护膜。在索书号上贴保护膜。第五，贴防盗芯片。在书底背面靠近书脊处贴芯片。

3. 图书上架工作中精益求精

图书上架需要遵循一定的顺序和规则，以保证图书摆放在正确的位置上，方便读者准确查找，例如，4 楼 B 区 23 架 01 列 3 层。此外，图书上架需要摆放整齐，索书号在一条水平线上。

4. 图书定位清点工作中精益求精

由于图书借阅的流动性，图书会错架。为了保证图书摆放在书架正确位置，专业馆员每天需要对图书进行定位清点，利用图书点检车对排架图书进行扫描，对于显示红色的"错架数据"对应的图书，需要根据索书号重新上架（图 4-188）。

图 4-188　在图书著录、图书贴标盖章、图书上架、图书定位清点工作中精益求精

（二）读者服务业务工作中体现读者至上的服务精神

（1）周六日加班，为毕业生办理图书清还及离校手续工作。

（2）疫情期间，开展"线上预借 线下取书"业务，服务读者（图 4-189）。

图 4-189　读者提供服务

（三）服务开发区业务工作中体现"追求卓越"的创新精神

为满足开发区民众参加文化活动的需求，图书馆精心策划并成功举办了精品文化讲座、资讯中心大讲堂、知识产权讲座、周末读书会、青少年活动等系列活动共计 30 场。系列活动得到了众多媒体的高度关注，到场参与并进行了相关报道。报道被 500 余家网络媒体相继转载。热点媒体的跟踪报道，为图书馆策划的系列活动打造了良好口碑，提高了学校的影响力，也为图书馆后期活动营造了良好的宣传效应（图 4-190）。

网易号

2022年北京经济技术开发区公共图书馆精品文化公益讲座拉开帷幕

互动分享
2022-07-22 15:51 · 山东

💬 0

2022年7月21日下午,"经开区精品文化讲座"第一讲在北京经济技术开发区公共图书馆(北京电子科技职业学院图书馆)成功开讲。

打开网易新闻 查看精彩图片 >

图 4-190　网易新闻报道：经济技术开发区公共图书馆服务社会举办文化活动

图书馆党支部通过"工匠精神"党建品牌建设，发挥"工匠精神"的思想引领作用，提升党员的职业道德素养。发挥工匠精神的堡垒作用，加强党支部的组织凝聚力和向心力。发挥工匠精神的辐射作用，带动群众提升职业道德。以党建促进事业发展，"书"写匠心，提升业务工作水平。

用工匠精神打造"四个过硬"党支部

机关党委组织部党支部

一、工作思路

党委组织部党支部坚持以党的政治建设为统领，以提升组织力为重点，以推动职业教育事业发展为落脚点，将工匠精神的内涵融入支部工作，提炼党支部践行工匠精神要素点。打造忠诚过硬、理论过硬、本领过硬、作风过硬的"四个过硬"先进党支部，使支部党员成为传承工匠精神的模范和榜样，为学校"建高升本"等重大任务做出贡献，迎接学校第三次党代会的胜利召开。

二、主要做法

（一）强化组织建设，打造忠诚过硬党支部

加强党支部委员会班子建设，发挥好支委"火车头""领头雁"作用。党支部书记牢记"没有抓好基层党建就是不负责任"的观念，在思想上、政治上、行动上同以习近平同志为核心的党中央保持高度一致，围绕"夯实基础，培育亮点"的思路，全力投入工作，坚持党建工作计划有落实，组织理论学习重研究，党员培养有实效。注重做好支部党员的思想政治工作，使"匠心育人、服务电科"的理念深入人心。在学校申报全国高校思想政治工作创新发展中心、全国党建"双创"工作、市"红色1+1"评比等重大工作中，支部党员冲锋在前，牵头完成重要报告的撰写。在疫情防控中，支部党员迎难而上，在值班值守、核酸检测、服务学生隔离等工作中承担了多项任务，用实际行动自觉、坚定捍卫"两个确定"，坚决做到"两个维护"（图4-191）。

图 4-191　支部党员在急难险重任务中冲锋在前

（二）强化理论学习，打造理论过硬党支部

党支部坚持把学习贯彻习近平新时代中国特色社会主义思想作为必修课，及时学习中央、市委和学校党委重要会议精神及工作部署，制定月度学习计划表，安排党员定期开展主讲导学，提升理论学习成效。开展"党员开讲啦"系列主题学习活动，以"五个一"活动为载体，即"读一本党的理论著作、参观一个红色教育基地、申报一项党建研究课题，形成一篇工作经验报告、优化完善一项工作流程"，不断促进理论和实践深度融合（图 4-192 为支部学习实况）。

图 4-192　支部党员开展理论学习

（三）弘扬工匠精神，打造本领过硬党支部

党支部注重强化改革创新，追求卓越，争创先进基层组织。党支部开展了"如何立足本职岗位，发扬新时代的工匠精神"的研讨交流，引导支部党员将工匠精神融入日常工作中，要求支部党员坚持细致严谨的工作态度、学标准、重规范、看细节，做精通党务知识、熟悉党建业务的行家里手，制定学校《基本标准》、党员发展指导性文件等。同时，坚持党建工

作与事业发展紧密结合，结合组织工作，落实机关党委各项要求，形成党建与业务工作深度融合的特色做法。目前，支部党员在学习政策和实践的基础上，着手本领域的工作流程梳理，进一步优化工作流程（图4-193为支部党员学习情况）。

图4-193 支部党员开展业务学习和宣讲

（四）深入基层一线，打造作风过硬的党支部

支部党员立足本职工作，爱岗敬业，密切联系群众，全心全意为师生服务；立足职教特点，开辟党建和思想政治工作新阵地，用创新思维提升党建工作的实效性。针对机关部门平时业务工作多、深入基层一线不够的问题，开展"师生一家亲，温暖组工心"系列走基层活动。带头落实"三全育人"工作，与学生党支部联合开展主题党日活动，参与军训学生捐献服装活动；积极参与乡村振兴建设；与椴木沟村党支部共建，助力美好乡村建设。结合本职工作，支部党员深入二级学院组织员、党支部书记、青年干部、处级干部、离退休老同志、学生党员等群体中，精准发现问题，精心解决问题，提升党员宗旨意识，让党旗在一线高高飘扬（图4-194为支部深入一线开展主题党日活动）。

图4-194 支部深入一线开展党日活动

三、工作成效

支部业务工作水平和能力有显著提升，党内统计工作连续两年获得双优秀。积极指导基层党组织开展特色党建工作，打造"一带四区六品牌"党建新格局，在教育部高校党建"双创"中，获评"标杆院系"1个，"样板支部"2个，"双带头人"党支部工作室1个，获奖类型和数量均为北京市高职院校之首。指导的"红色1+1"支部共建获得一等奖，为唯一获得此奖项的高职院校。支部党员主持校内课题9项，主要参与市级以上课题5项，发表论文7篇。

践行工匠精神 打造"四好一强"党支部

机关党政办公室党支部

一、工作思路

在学校党委和机关党委的领导下，党政办公室党支部坚持以习近平新时代中国特色社会主义思想为指导，深入学习贯彻党的二十大精神，以高质量党建引领事业高质量发展。党支部按照"打造四好一强党支部"品牌立项的整体安排和方案要求，以打造工匠精神为着力点，推进作风建设，增强服务意识，不断丰富和完善品牌内涵，进一步推动学校中心工作和重点工作的落实，深入推进党建与业务工作融合，力争支部建设迈上新台阶。

二、主要做法

（一）抓好政治建设，提升政治站位

一是坚持把党的政治建设摆在首位，把深刻领悟"两个确立"的重要意义、增强"四个意识"、坚定"四个自信"、做到"两个维护"贯穿支部建设的始终。坚持用习近平新时代中国特色社会主义思想统一思想、统一意志、统一行动，认真落实中央、市委、学校党委、机关党委的决策部署，持续增强政治意识、强化政治教育，提升政治站位，不断提高党员的政治判断力、政治领悟力、政治执行力，充分发挥党政办党支部的政治先锋作用，确保全体同志坚定理想信念，明确政治方向，做政治上的清醒人。

二是以主题党日、党课等形式组织支部全体党员学习党章、党的二十大精神、习近平新时代中国特色社会主义思想等。每月组织一两次学习习近平总书记重要讲话和指示批示精神，召开组织生活会和专题组织生活会

2 次。参加学校意识形态分析研判，筑牢意识形态阵地，提升党员政治敏锐力和判断力（图 4-195）。

图 4-195　支部学习贯彻党的二十大精神专题党课

（二）秉持崇尚实干，践行工匠精神

一是党支部在高质量办文上下功夫。支部按照"领导未思有所谋、领导未闻有所知、领导未示有所行"的要求，不断提高办文质量，将文稿起草作为参与政务、服务领导的主渠道，牢固树立文稿精品意识，精益求精地做好学校各类文字材料的起草工作，确保为学校提供准确、全面、优质、高效的服务。制定学校党委向市委请示报告重大事项清单，指导各二级党组织制定请示报告清单并督促落实执行。组织召开校志编纂工作启动会，扎实推进校志编纂工作。

二是党支部在高标准办会上下功夫。坚持高标准、严要求，切实做好会前、会中、会后的各项工作，将会议办出水平、办出特色、办出实效，充分发挥办公室"以会辅政"作用。全年采取线上、线下相结合的方式，组织协调召开党委全委会 2 次、常委会 26 次、院长办公会 18 次，做好加密视频会议会前点名和会议的技术服务及会务服务工作。全年完成加密视频会议 230 余次，以及多次专题会议等多项重大会议的服务保障工作，确保学校各项工作顺利开展。

三是党支部在高水平办事上下功夫。支部始终秉持"崇尚实干"的精神，不断提升办公室办事水平。不以事小而不为，不以事杂而乱为，不以事急而瞎为，不以事难而畏为，真正做到把难事办妥、急事办稳、好事办实、实事办好，充分发挥办公室"办事辅政"作用。牢固树立按法规办事、按程序办事、按规则办事、按职责办事的意识，不断推动办公室工作制度化、规范化、科学化，在工作中做到"零差错""零缺陷"。

四是党支部在高要求做好信访及接诉即办上下功夫。认真落实学校《信访工作实施办法》，妥善处理师生来电、来信、来访反映的各类问题和意见诉求。全力做好北京市市长热线、教委信访、书记校长信箱、校内67891234热线等各类信访工作。确保接诉即办沟通顺畅，办公室为"接诉即办"工作配备专用录音电话，建立校园"12345"热线（67891234），形成了接诉即办"六步法"，受理书记、院长信箱22件，受理校园热线25件，所有投诉均在第一时间响应，能解决的迅速协调解决，不合理诉求或一时难以解决的问题，做好解释说明工作。不断规范工作流程，逐步完善工作机制，确保全年"响应率"100%，三率逐年提升。把处理"12345"等各类诉件的过程转化为师生员工接受思想政治教育的过程，不断提升精准服务和精细化管理能力。

（三）创新学习方式，提升学习成效

党政办党支部始终坚持做学习型党支部，不断创新学习方式，借助各种手段，开展学习教育活动，争做机关支部学习的榜样。

一是静心研读，以学习党史、党的二十大精神、习近平新时代中国特色社会主义思想、习近平总书记重要讲话精神为主，采取通读原文、学原著、"主讲主问"、集中研讨、经验交流、线上线下等形式学深悟透，安排提前自学、领学、交流、总结等环节，让学习入脑入心（图4-196）。参加机关党委党的二十大知识竞赛，支部组织了12期党章及二十大知识学习测试竞赛答卷，检验学习效果。支部购买了《从延安走来》《从政心得》等图书，全面培养党员的读书学习习惯。

二是立足岗位，结合实际工作，学习职业教育发展文件、学校重要文件、"师德师风"，贯彻落实立德树人根本任务；结合工作特点学习《党的秘书工作历史》《北京市保密工作条例》，从中汲取精神力量，对会务、接待、文秘、保密、档案等过去认为烦琐的事务工作有了新的认识。

三是开展红色党课活动。结合学校党政办公室的工作实际，进一步引导动员全体党员认真学习党史，悟思想、办实事、开新局。党委书记张启鸿同志在支部讲党课"马克思主义中国化的最新成果——第四卷学习体

图 4-196   支部开展线上线下理论学习

会"，支部书记张晓辉同志讲学习党的二十大精神党课。

四是积极参与"党的二十大征文""红色诵读""红色爱心捐款"等活动，组织支部党员参观北大红楼、钟鼓楼，观看演出《冼星海》；贯彻总体国家安全观，开展 415 保密安全宣传教育进校园活动等。

（四）以党建为引领，在服务大局中担当作为

在党政办公室服务领导工作中，建立了"提前谋划、全程跟踪、及时反馈"的工作机制，既当好"前哨"又护好"后院"。

一是扎实做好公文运转、档案管理等工作。线上收发文管理，同时提供带红头红章的 PDF 文稿，提高了流转速度，并方便下载学习。印信申请线上提交，及时查询跟踪审批节点，减少了一些无用的跑腿。印信网上审批流程，全年审批用印零差错。牵头完成教育统计，协助质量办做好年报统计工作，持续完善办公信息化建设，不断提升智慧办公水平。全年收办中央和市委涉密文件 560 余件、密刊 100 期，清退 2021 年涉密文件 320 余份，接收办理外来文件及传真 500 余件，制发校内各类文件 100 余件。完成各类文件登记、扫描、线上线下审批传阅以及归档等 1 000 余份。积极开展档案宣传活动，组织编撰年度大事记、教育年鉴、开发区年鉴等工作，完成学生档案录入及数字化工作，为校内外师生提供 1 000 余次查档服务，服务人数达 130 余人次。

二是持续加强合同管理，启用合同管理信息化系统，合同审批线上办理，提升效率，避免了合同倒签问题。全年审批合同 1 350 余份，服务合同办理1 460余人次。为各二级单位提供法律风险提示与防控服务，协助人事处、后勤处、老干部处等相关部门解决了涉及劳动人事、合同、校企合作中各类涉及法律程序事务5件。

三是疫情防控期间，党员冲锋在前，在关键时刻站得出来。靠前指挥，负责安排疫情防控值班并随着疫情防控工作的发展要求及时进行修改和调整。党员积极参与疫情防控志愿者工作，参与值班值守、核酸检测、物品发放等工作。组织全校疫情防控实战演练。健全防疫机制，制定学校疫情防控工作相关制度。畅通防疫沟通渠道，及时报送疫情防控信息（图4-197为疫情防控应急演练现场指挥室）。

图4-197　党政办公室组织全校疫情防控应急演练

（五）做强基础工作，增强堡垒作用

党支部是党组织在基层的细胞，是党的全部工作和战斗力的基础，是党的路线、方针、政策、决定的贯彻执行者，是党委联系群众的桥梁和纽带。一个支部就是一座堡垒，一名党员就是一面旗帜。

一是依托党建品牌项目活动凝聚支部强大合力，扎实推进支部标准化、规范化建设，把握方向，提出规划，找准业务工作与党建工作的结合点，制定措施，开展活动，持续强化党支部的战斗堡垒作用。

二是每月召开支委会，分析支部落实《北京普通高等学校党建和思想政治工作基本标准》中存在的问题，研究如何提升支部的标准化规范化建设水平。召开支部党员大会，研究制定、落实巡察意见整改。与保密、督办、接待等岗位签订个性化党风廉政建设责任书，增强支部全体党员党风廉政意识。

三是支部书记充分发挥带头人作用，严于律己、率先垂范。熟悉党的方针政策、熟悉党的业务知识、熟悉党员情况，开展工作游刃有余，经常与支委谈话，与党员群众沟通，像吸铁石一样把支部党员紧紧凝聚在一起，形成强大的合力。

四是党政办党支部全体同志认真履行职责，认真学习领会《中国共产党支部工作条例》。树立荣誉感、责任感和使命感，工作兢兢业业，创新工作思路。关心党员冷暖，慰问生病党员，为党员过集体生日等，使党员有家的感觉。

三、工作成效

（一）强化支部服务保障意识

（1）提升服务保障能力，统筹做好学校重要会议服务，加强会议管理，采取线上、线下相结合的方式，改进会风，精简会议，合理布置会场，做好会议过程中的服务，确保高效使用会议室。会议服务质量不断提高，个性化会议服务保障能力明显增强。

（2）高标准做好重大活动承办工作。代表全国职业院校参加教育部召开的新《职教法》新闻发布会；接待全国人大常委会法工委、教育部督导室、教育部职业教育研究中心等多家上级单位到校调研座谈；接待北京市委、市教委、大兴区及经开区主要领导多次莅临学校调研指导。在疫情形势稍缓的窗口期，学校精心组织，圆满承办了北京市职业教育工作会议暨职业教育宣传月启动仪式，充分彰显了学校的办学影响力，共同开启北京职业教育高质量发展的崭新篇章。

（二）提升支部共建交流能力

（1）牵头做好对口支援、帮扶共建工作。统筹落实北京市教育对口支援等各项教育扶贫任务，为西藏职业技术学院提供专题讲座、师资培训等对口支援，协助落实选派干部赴门头沟清水镇椴木沟村做好"引智帮扶"工作。

（2）进一步完善国内合作和校友会等工作。加强与闽西职业技术学院等兄弟院校的交流合作，签订合作协议。开展建校 64 周年校庆日系列活动，以校友会的名义组织开展台球、扑克牌等竞赛活动，不断发掘校友资源，汇聚校友力量。

（三）树立支部选优创先风气

王继鑫、张威、夏燕三位同志经民主评议被评为优秀党员，其他党员均合格。2022年度学校师德考核中，支部张威、孙跃两位同志获得"师德优秀"奖。在2022年的年度考核评优中，除了直推的刘锋同志被评为优秀，姜磊同志也被推荐到机关党委参加优秀评选并最终获评年度优秀。支部孙跃同志获得北京市级"2018—2022年度保密先进个人"称号，获2022年度北京教育系统育人先锋。

欲筑室者，先治其基。党支部是党的肌体的"神经末梢"，是贯彻落实党中央决策部署的"最后一公里"。奋进新征程、建功新时代，党支部要成为坚强的战斗堡垒，把党员组织起来、把人才凝聚起来、把群众动员起来，为全面建成社会主义现代化强国、实现中华民族伟大复兴的中国梦凝聚磅礴力量。

服务育人中践行工匠精神

后勤基建处直属党支部

一、工作思路

以习近平新时代中国特色社会主义思想为指导，全面贯彻党的教育方针，落实立德树人根本任务，后勤基建处直属党支部以党建为引领，不断加强规范化建设，结合后勤服务工作大量由外协单位承担的特点，将党的建设覆盖后勤系统外协单位，发挥外协单位党员作用，将工匠精神贯穿于后勤服务保障工作全过程。

二、主要做法

后勤涉及的专业众多，服务对象的需求在不断增加，后勤基建直属党支部坚持党建引领，以工匠精神推动和提升后勤服务保障质量水平，做专业、敬业、精益求精的后勤服务工作者。

（一）充分发挥党建引领作用

经支委会研究，成立专门的工作组，支部书记任组长，明确工作职责和任务分工，全面落实工匠精神培育，逐渐形成有特色、有实效、可推广的品牌成果。在工匠精神培育工作中，拍摄了微视频加大宣传力度，让"后勤人育工匠才"的故事发挥示范辐射作用（图4-198为支部学习工匠精神实况）。

（二）建立外协单位党员联络机制

由党支部一名支委任组长，建立常态化管理机制，以工匠精神严格要求，规范管理外协单位党员，组织外协单位党员理论学习，结合后勤实际开展研讨交流，通过学习，提升了员工的服务意识和整体素质，提升了员工钻研技术的意识。积极协调第三方公司建立劳动教育激励机制，鼓励指

图4-198 组织工匠精神理论学习

导学生实践的第三方人员发挥育人作用，工作中采用示范的方式，传递工匠精神。

（三）开展劳动技能授课

指导学生实践活动是培育工匠精神的重要体现，党支部为二级学院开展劳动技能提供专业指导，加强垃圾分类的培训，协助二级学院开展急救自救培训，根据不同的授课内容，从外协单位党员中遴选具有物业维修、服务礼仪、蔬菜种植、卫生保洁、食品安全、环保绿化等专业特长的员工，特聘为劳动技能课指导教师，并依托各中心劳动实践场所，建立相对稳定的劳动实践基地，配置劳动实践所需工具、防护用品等，让学生在专业技能学习中感受到后勤人身上的工匠精神。通过开展一系列的课程和活动，尽最大努力将工匠精神理念强化到后勤每一名职工的思想中，发挥后勤基建处资源优势，加强与二级学院的沟通配合，协同发力，为党育人、为国育才，为培养社会主义建设者和接班人做贡献，得到学校师生的一致好评（图4-199为学生劳技课现场）。

三、工作成效

一是强化了外协单位的党建引领，通过支部引领，着力服务提升。采用"党建＋N服务＋劳育"模式，突出统筹谋划，坚持服务导向，擦亮红色党建品牌，加强了外协单位的理论学习，党员起到了模范带头作用，增

图4-199 后勤工作人员岗前培训及学生劳技教育

强了外协单位的服务意识，加强了团队合作，专业水平能力得到了提高。

二是工匠精神培育初见成效。教师为向学生传授技能，不惜牺牲个人时间，追求完美和极致，精益求精。教师引导学生认识到他们的美好生活都是劳动创造出来的。通过劳动实践活动，学生掌握了一定的劳动技能，学会了包饺子、包粽子、制作月饼，防疫消杀，蔬菜种植，客房服务规范等，了解了污水回收系统。在后勤人的教育引导下，主动帮助父母做家务、主动参加班集体的劳动、主动参加志愿者活动的学生逐渐多了起来，学生的劳动意识明显增强，极大地增强了员工的使命感和荣誉感，使其更加热爱学校，更加珍惜工作岗位。

三是全面提高后勤员工的业务水平。通过一系列的活动，使后勤人员更加敬业尽责、爱校爱生、创新钻研、执着追求。服务育人需要一种情怀，后勤员工甘为人后、勤于人先，用勤劳创造价值，用汗水保障学校各项工作顺利进行，恪守的是初心，不忘的是使命，以工匠精神培育和传承服务精神。

第五编

研究论文

新时代职业教育培育工匠精神探研

邹　忠

摘　要：新时代深入推进弘扬和培育工匠精神的研究与实践具有特殊重要性和现实紧迫性。职业教育领域与工匠精神关联紧密，要深入理解新时代工匠精神的科学内涵和鲜明特征，立足培育工匠精神的工作现状，剖析存在的突出问题和形成原因，提出加强和改进工作的思路和对策，推动新时代职业教育培育工匠精神的理论和实践发展，增强职业教育思想政治工作的针对性和实效性，培养更多堪当民族复兴重任的职教新人。

关键词：职业教育；新时代工匠精神；思想政治工作

中国特色社会主义进入新时代，弘扬和培育工匠精神已经上升到推动经济社会高质量发展的国家战略层面，并写进了"十四五"规划和《中国教育现代化2035》《国家职业教育改革实施方案》等重要文件中。工匠精神与职业教育存在着密切联系，两者共同形成于生产劳动和社会实践中，并在长期的发展过程中相生相伴、相辅相成。新时代职业教育要坚持把弘扬和培育工匠精神贯穿办学治校和人才培养的全过程和各环节，这是培养更多高素质技术技能人才、能工巧匠、大国工匠的有力抓手，是推进职业教育改革发展、提升职业教育办学质量、彰显职业教育类型特征的客观要求，是促进学生全面可持续发展、创造精彩人生的现实需要。

一、新时代工匠精神的内涵与特征解读

工匠精神是现代职业教育的精神标识，是职业素养教育的核心内容。

基金项目：本文为北京高校思想政治工作研究重点课题"新时代高职院校培育工匠精神研究与实践"（项目编号：BJSZ2021ZD12）阶段成果。

新时代职业教育想要精准、高效地推进工匠精神培育工作，首先必须深刻理解和准确把握工匠精神的科学内涵和鲜明特征。

（一）既往研究对工匠精神的阐述

综观此前的研究，主要是从不同维度对工匠精神的内涵和特质进行阐释。有观点认为，工匠精神是职业精神，体现了尊师重道、爱岗敬业、精益求精、求实创新的职业态度，涵盖职业敬畏、工作执着、崇尚精品、追求极致等内容[1]。另有观点认为，工匠精神是道德伦理，主要包含爱岗敬业、履行职责、无私奉献、踏实工作等道德规范，是凝结在职业之上的职业伦理观念[2]。亦有观点认为，工匠精神是价值取向，是追求至善的人格信仰和把事情做好的目的性和欲望，让人为工作而骄傲，在工作中超越谋生的需求，追求和实现人生价值[3]。也有研究从比较的视角，认真总结和归纳了东西方工匠精神内涵的异同，代表性观点认为，东西方工匠精神在具体内涵上存在着差异，较之西方工匠精神而言，东方工匠精神更加注重技近乎道的人生境界，但两者在根本取向上无疑具有相通之处，均追求至善尽美的工作目标和职业品格[4]。总体来看，上述研究或是从思想和行为的层面，或是从崇德与尚技的角度，或是从专业精神、职业态度和人文素养的视角，对工匠精神的内涵进行了较为深入的探讨，虽各有道理但均未得到普遍认同。

（二）新时代工匠精神的权威界定

进入新时代以来，党和国家领导人在不同场合反复强调传承和弘扬工匠精神。2020 年 11 月 24 日，习近平在全国劳动模范和先进工作者表彰大会上指出："在长期实践中，我们培育形成了爱岗敬业、争创一流、艰苦奋斗、勇于创新、淡泊名利、甘于奉献的劳模精神，崇尚劳动、热爱劳动、辛勤劳动、诚实劳动的劳动精神，执着专注、精益求精、一丝不苟、追求卓越的工匠精神。劳模精神、劳动精神、工匠精神是以爱国主义为核心的民族精神和以改革创新为核心的时代精神的生动体现，是鼓舞全党全国各族人民风雨无阻、勇敢前进的强大精神动力。"[5]这一重要论述界定了劳模精神、劳动精神、工匠精神的丰富内涵，同时指出了劳模精神、劳动精神、工匠精神的联系和区别，是新时代研究和实践劳模精神、劳动精神、工匠精神的根本遵循。就工匠精神而言，其内涵既包括执着专注、精益求精、一丝不苟、追求卓越的精神品质，也蕴含着以爱国主义为核心的民族精神和以改革创新为核心的时代精神。这其中既有侧重态度层面的内容要求，也有侧重情感层面的内容要求；既有侧重行为层面的要求，也有侧重思想层面的要求。"执着专注、精益求精、一丝不苟、追求卓越"是劳动意志，以爱国主义为核心的民族精神是价值取向，以改革创新为核心的时代精神是进取品格。从结构层次上分析，价值取向居于内核，进取品格和劳动意志居于外层，三者最终需要也必须通过社会实践外化为行为表现。

（三）新时代工匠精神的鲜明特征

新时代工匠精神集中体现了坚持以马克思主义为理论指导，以中华优秀传统文化为历史根脉，以实现中华民族伟大复兴的生动实践为现实依据的鲜明特征。首先，从马克思主义劳动观看，工匠精神是伴随人类社会劳动实践产生的，是对人们特定劳动行为的反映和评价。实现对劳动和劳动人民的尊重，是马克思主义的根本价值诉求。从概念的范围看，我们所倡导的新时代工匠精神属于劳动精神的范畴，换言之，工匠精神在本质上是一种劳动精神，是劳动精神向更高层次和更高阶段的发展和升华[6]。厚植工匠精神能够有效消解劳作性劳动所产生的问题，诸如劳动者的自由意志弱化、精神世界虚化、生存状态异化等，进而更好地促进劳动者在创造性劳动中实现自我，获得自由、全面的发展[7]。其次，中国古代创造了发达的技术文明，并由此形成了"锲而不舍"（执着专注）、"切磋琢磨"（精益求精）、"细针密缕"（一丝不苟）、"臻于至善"（追求卓越）、"业以济世"（爱国为民）、"艺无止境"（开拓创新）等先进的思想和观念。新时代工匠精神汲取了中国古代工匠文化的积极元素，使其自身内涵更加丰富、底蕴更为深厚，促进了工匠精神在新时代的创造性转化和创新性发展。再则，新时代工匠精神的内涵是中国共产党团结带领中国人民在实现中华民族伟大复兴生动实践中得出的重要认识和结论，是从历史和实践检验中总结得出的宝贵精神财富，是中国共产党人精神谱系的重要组成部分，也实现了对传统工匠精神的继承和超越，并赋予了其革命性，是劳动人民的创造精神，是工人阶级身上的先进精神，是具有社会和政治属性的革命精神[8]。回顾历史，我们在革命建设改革中取得的辉煌成就得益于秉持了这样的工匠精神；展望未来，继续夺取新时代中国特色社会主义的伟大胜利要求我们必须坚守这样的工匠精神。

二、职业教育培育工匠精神的现状分析

新时代职业教育迎来了"大有可为"的广阔前景，也正在形成"大有作为"的生动实践。在这个过程中，职业教育领域切实增强了职业教育自信和工匠精神自觉，发挥好职业教育培育工匠精神的主阵地作用，并借此推进职业教育的可持续和内涵式发展。但也必须清醒地认识到，当前职业教育领域在培育工匠精神方面仍然存在诸多问题，迫切需要深入研究和妥善解决。

（一）职业教育培育工匠精神取得的成效

1. 凝聚了培育工匠精神的思想共识

经过长期的探索实践，职业教育领域充分认识到工匠精神是职业教育的特征和灵魂，培育工匠精神既是顺应时代呼唤和适应社会转型发展之变的迫切要求，也是遵循职业教育规律和激发职业教育自身发展活力的必要途径，并牢固树立起培育工匠精神的主体意识和价值导向，把培育工匠精神贯穿融入人才培养体系，渗透到教育教学全过程。培育和践行工匠精神业已在职业教育领域深入人心，逐步成为一种思想和行动自觉。

2. 提升了现代职业教育的服务能力

我国已建成世界上规模最大的职业教育体系，培养了数以亿计的高素质劳动者和技术技能人才，为经济社会高质量发展提供了不可或缺的人力资源支撑。职业教育领域坚持把工匠精神融入育人的各个环节，促进学生"德技并修、全面发展"，引导学生工具理性和价值理性兼备，有效地提高了人才培养质量，极大地促进了知识型、技能型、创新型劳动大军的建设，为推动以实体为本的中国经济稳中求进、全面建设社会主义现代化国家做出了重要贡献。

3. 形成了思想政治教育的鲜明特色

职业教育是与普通教育具有同等重要地位的教育类型[9]。但长期以来，职业教育习惯于因循普通教育的理念和模式，在思想政治工作方面也容易做成普通教育的翻版。新时代职业教育坚持把工匠精神融入人才培

养，灌注了丰富而精准的思想教育内容，成为育人的清晰主线和突出主题，增强了工作的针对性和实效性，并由此形成了职业教育立德树人的鲜明特点和创新亮点，有效提升了职业教育的办学辨识度和社会认可度。

（二）职业教育培育工匠精神存在的问题

1. 谋划不系统的问题

职业教育领域虽然在思想上高度重视弘扬和培育工匠精神，并采取了诸多措施把工匠精神融入校园文化建设和教育教学改革等方面，且取得了较好的成效，但对培育工匠精神的内外部因素通盘考虑不够，普遍缺乏系统谋划和统筹推进，总体布局和顶层设计明显不足，碎片化和盲目性的问题比较突出。无论是教育主管部门，抑或职业院校，均鲜有培育工匠精神的高质量系统化的设计方案。

2. 推进不平衡的问题

这主要表现在：不同职业院校培育工匠精神的工作情况存在差异，不同区域职业院校培育工匠精神的工作情况存在差异，不同专业类型职业院校培育工匠精神工作情况存在差异；重视对学生群体工匠精神的培育，但对教师群体工匠精神的培育有所轻视；强调把工匠精神融入人才培养和学生发展，相对忽视把工匠精神融入学校治理和管理服务。

3. 协同不充分的问题

职业教育是一种跨界教育，其鲜明的办学特征是产教融合、校企合作，在培育工匠精神方面要注重与产业行业企业共同制定人才培养方案和课程标准，把工匠精神融入实习实训的全过程。当前职业教育与产业行业企业的合作，更多的是在专业建设和技能培训层面，对共同培育工匠精神相对忽视，采取的实质性措施也比较有限，未能形成合力共育工匠精神的协同效应。

4. 制度不健全的问题

就目前整体情况而言，职业教育领域培育工匠精神的制度建设相对落后，教育主管部门欠缺培育工匠精神的框架性文件，职业院校欠缺培育工匠精神的专项方案和不同岗位群体的责任清单，针对教育主管部门和职业院校等不同主体培育工匠精神的工作评价指标和奖惩机制尚未真正建立起来，造成在培育工匠精神的工作过程中缺少有力的制度保障。

（三）影响职业教育工匠精神培育的因素

1. 社会环境因素

在经济社会加快发展和转型的过程中，浮躁的社会风气和"唯数量唯速度唯利益"的生产思维不同程度地存在，加之对工匠职业的传统偏见，工匠精神尚未完全成为一种普遍的社会共识与社会心理，使得培植工匠精神缺少丰厚的社会土壤，这势必会影响到职业教育各办学主体对培育工匠精神的认同，也对系统协调高效地谋划和推进工匠精神培育工作带来了严重的冲击和严峻的挑战。

2. 政策制度因素

在推动职业教育高质量发展的形势要求下，培育工匠精神必须依靠健全、完善的政策保障，形成多元主体协同、权责范围清晰的工作体制机制。目前对理应担负起培育工匠精神责任的社会组织和行业企业缺乏有针对性的制度约束。职业教育在推进工匠精神培育的过程中，缺少明确的政策指导和支持，与外部协同时也深感"心有余而力不足"，妨碍了工匠精神培育工作的高质量推进。

3. 教育类型因素

尽管当前职业教育受到前所未有的重视，但与其他教育类型相比，职业教育仍然或多或少地存在重视技术实践、轻视人文社科的传统倾向，同时受到职业教育在现行教育体系下社会认同和评价较低的影响，职业教育生源结构复杂，学生学习基础偏弱、成长发展动力不强，再加上职业院校治理体系和治理能力现代化水平不高，以致弱化了培育工匠精神的统筹推进和改革创新。

4. 理论研究因素

职业教育领域相对欠缺理论敏感和学术思维，研究工匠精神的能动性和深入性不够，对工匠精神的探讨多停留在现象层面，在理论上缺少深入的阐释和探索，结合职业教育规律和要求的消化和转化也存在不足，进而造成在实践层面系统谋划和工作创新乏力，由此影响到培育工匠精神工作的科学性和有效性，也难以形成基于理论探索和实践创新的培育工匠精神的特色经验和示范模式。

三、改进职业教育培育工匠精神的对策

新时代弘扬和培育工匠精神，有利于推动经济转型升级和高质量发展，适应人民日益增长的美好生活需要，促进劳动者自由、全面发展，营造劳动光荣、技能宝贵、创造伟大的社会风尚，为实现中华民族伟大复兴提供价值引领。工匠精神的培育是一个系统工程，需要从制度、环境、教育、文化等多个方面着手，调动国家、社会、个人的合力才能够完成[10]。职业教育在其中承担着不可替代的重要作用，应乘势而上，切实增强适应性，不断提升服务力，深入把握思想政治工作新形势和职业教育改革新要求，结合职业教育的类型、特征和学生思想、行为的特点，把工匠精神作为立德树人的核心内容，综合施策、精准发力，传承好、培育好工匠精神，培养更多高素质的劳动者和技术技能人才。

（一）持续增强责任意识、创新意识、全员意识

思想是行动的先导。要想高质量推进工匠精神培育工作，职业教育领域必须坚持正确的思想观念，始终以"走在前"和"作表率"的奋斗姿态，勇于担当，主动作为，推动工作创新发展。一是要持续增强责任意识。职业教育领域要站在工匠精神是民族精神的重要组成部分和关乎实现中华民族伟大复兴的高度，清醒认识到工匠精神的思想价值、经济价值和文化价值，深刻理解工匠精神与职业教育的密切联系，更加明确工匠精神对促进职业教育和职业院校实现内涵式发展的重要意义，把弘扬和培育工匠精神内化为价值追求、外化为行动自觉。二是要持续增强创新意识。受到各方面因素的影响，职业教育领域在培育工匠精神方面仍然面临不少难题。要坚持创新是引领发展的第一动力这一理念，因事而化、因时而进、因势而新，在"沿用好办法"的基础上，努力"改进老办法""探索新办法"，不断提升工匠精神培育工作的科学性和实效性。三是要持续增强全员意识。必须强调的是，职业教育领域的所有相关人员都要努力成为新时代工匠精神的坚定信仰者、积极传播者、模范践行者。各级领导干部、管理服务人员、教师和学生要深刻理解和领悟工匠精神的价值意蕴，使培育和践行工匠精神成为一种思想追求和行动自觉，在工作学习生活的各个方面渗透和体现工匠精神。

（二）科学把握设计环节、实施环节、反馈环节

职业教育领域培育工匠精神要在科学界定工匠精神内涵的前提下，从技术理性和价值理性有机融合的角度，结合工作具体实际，按照精心设计、有序实施、及时总结的路径有效推进工作。一是在设计环节，教育主管部门和职业院校要结合"三全育人"综合改革，深入行业企业和职业院校开展调研访谈，提出培育工匠精神的整体思路和总体方案，把培育工匠精神渗透到办学理念、治校方略和价值导向中，明确工作的目标和原则、内容和形式、路径和方法、考核和保障，形成系统性、整体性、协同性的工作格局。要从思想政治工作的角度出发，全面、准确地把握工匠精神的丰富内涵，不仅要在态度和行为层面弘扬和培育工匠精神，更要从情感和思想的高度弘扬和培育工匠精神。二是在实施环节，要遵循思想政治工作规律和职业教育规律，以钉钉子的精神抓好落实，坚持把工匠精神贯穿融入课程教学、文化建设、社会实践、管理服务、校企合作等各环节和全过程，日益涵养工匠精神，逐步厚植工匠文化，不断促进人才培养的高品格和高品质，有效提升职业教育和职业院校的治理能力和治理水平。三是在反馈环节，要坚持全程动态化监测工作进展，以年度和学期为时段进行总结和思考，及时检验工作成效，既要凝练好的经验做法，形成典型案例，也要跟进存在的问题，找准工作短板和解决方法，为不断改进后续工作提出意见和建议。

（三）有效协同政府主体、企业主体、家庭主体

职业教育领域弘扬和培育工匠精神需要多元主体共同发力，而职业院校在其中占据着基础地位，承担着主要角色，发挥着关键作用。职业院校要积极主动地加强与政府、企业、家庭的耦合联动，形成协同效应。一是在与政府的协同方面，要及时学习、领会上级部门关于弘扬和培育工匠精神的相关政策，严格落细、落小、落实工作要求，实事求是地报告在工作实践中取得的成效和存在的问题，同时及时、准确地提出科学合理的意见和建议，争取更多的政策支持和制度保障。二是在与企业协同方面，要不断深化校企合作共建，把培育工匠精神与生产领域相融合，坚持"请进来"和"走出去"相结合，把蕴含工匠精神的企业文化有机融入教育教学改革和校园文化建设，同时积极借助现代学徒制等模式，让学生通过专业

实践来体验和感悟工匠精神。特别是要发挥好企业人员的作用，把培育工匠精神落实到学生实习实训的具体过程中。三是在与家庭协同方面，要畅通家校联系渠道，注重日常沟通交流，反馈学生的思想行为表现，掌握学生居家生活表现，引导家长注重家风家教，让学生的家国情怀在家庭教育中得到升华，培养学生匠心筑梦、技能报国的志向，同时加强对学生的教育管理，促进学生养成热爱劳动、认真细致、勤奋刻苦等与工匠精神相契合的行为习惯。

（四）深入解决评价问题、理论问题、制度问题

在弘扬和培育工匠精神的过程中，职业教育领域要注重思考和解决科学进行工作评价、持续深化工作研究、不断完善工作制度等问题，这是增强工作有效性，提高工作科学性，推动工作可持续发展的重要保证。一是优化评价考核。要坚持目标导向，遵循职业教育规律和特点，制定职业院校培育工匠精神的工作评价指标体系，评价内容在涵盖组织领导、工作举措、实际成效、特色经验的基础上，应着重考察培育对象群体生成工匠精神的情况和实效。对学生工匠精神素养的评价，既要测试学生对工匠精神的理解、掌握水平和情感认同程度，也要充分考虑用人单位对学生实际表现的反馈。二是深化理论研究。要坚持运用科学理论，不断深化对工匠精神的研究，防止对工匠精神认识的肤浅化、片面化、庸俗化。同时注重结合工作实践，深入研究职业教育领域中不同专业工匠精神的要素结构、培育路径和质量评价方式，探索形成可复制的工作模式和典型经验，推动新时代工匠精神和职业教育思想政治工作的理论创新与发展。三是强化制度建设。要坚持把制度建设贯穿弘扬和培育工匠精神的全过程，以制度指导和推进实践，以实践健全和完善制度。职业教育领域，特别是职业院校要把弘扬和培育工匠精神纳入事业发展规划、人才培养方案和教育教学评价，健全、完善领导体制和工作机制，制定科学有效的工作方案和实施细则，分级分类明确责任要求，按岗按人制定任务清单，为更加有效地培育工匠精神提供更为有力的制度保障。

参考文献：

　　[1] 王丽媛. 高职教育中培养学生工匠精神的必要性与可行性研究 [J]. 职教论坛，2014（22）.

［2］王晓漪．"工匠精神"视域下的高职院校职业素质教育［J］．职教论坛，2016（32）．

［3］李宏昌．供给侧改革背景下培育与弘扬"工匠精神"问题研究［J］．职教论坛，2016（16）．

［4］庄西真．多维视角下的工匠精神：内涵剖析与解读［J］．中国高教研究，2017（5）．

［5］习近平．在全国劳动模范和先进工作者表彰大会上的讲话［EB/OL］．http：//www.gov.cn/xinwen/2020-11/24/content_ 5563928.htm.

［6］彭维锋．新时代劳模精神、劳动精神、工匠精神的理论内涵与实践导向［J］．江西社会科学，2021（5）．

［7］毛哲成．以马克思异化劳动理论解读工匠精神［J］．中学政治教学参考，2018（9）．

［8］刘建军．工匠精神［M］．北京：中共党史出版社，2020.

［9］中华人民共和国职业教育法［EB/OL］．http：//www.moe.gov.cn/jyb_ sjzl/sjzl_zcfg/zcfg_ jyfl/202204/t20220421_ 620064.html.

［10］张苗苗．思想政治教育视野下工匠精神的培育与弘扬［J］．思想教育研究，2016（10）．

高职院校工匠精神培育模型构建与路径探索

张启鸿　袁　方　王　勇

摘　要：高职院校推进培育工匠精神研究与实践是贯彻落实习近平总书记关于职业教育重要讲话精神的具体体现，是顺应高等职业教育发展趋势、深化产教融合、推进校企合作、实现学生持续发展的必由之路。北京电子科技职业学院立足职业教育类型特征和高职学生思想行为特点，梳理构建高职院校工匠精神核心要素理论模型，搭建"七位一体"的工匠精神培育路径，提供了工匠精神培育的高职方案。

关键词：高职院校；工匠精神；培养路径；思想政治教育

党的十八大以来，习近平总书记在不同场合多次强调传承和弘扬工匠精神。在长期实践中，我们培育形成了执着专注、精益求精、一丝不苟、追求卓越的工匠精神[1]。工匠精神自 2016 年起连续三年被写入政府工作报告，2021 年被纳入中国共产党人的精神谱系，2022 年"培育劳模精神、劳动精神、工匠精神"被写进了新修订的《中华人民共和国职业教育法》。高职院校推进培育工匠精神研究与实践，是贯彻落实习近平总书记关于职业教育重要讲话精神的具体体现，是加强高职院校学生思想政治工作，培养更多高素质技术技能人才、能工巧匠、大国工匠的有力抓手，是适应中国经济社会高质量发展新形势、深化产教融合、推进校企合作的客观要求，是学生可持续发展、实现自身价值的现实需要，是时代赋予职业教育的使命，具有特殊重要性和现实紧迫性。北京电子科技职业学院立足职业教育类型特征和高职学生思想行为特点，梳理构建高职院校工匠精神核心

本文系北京高校思想政治工作研究重点课题"新时代高职院校培育工匠精神研究与实践"（BJSZ2021ZD12）的阶段性成果。

要素理论模型，搭建"七位一体"工匠精神培育路径，提供了符合高职院校职业教育规律的工匠精神培育实践方案。

一、基于职教类型的工匠精神培育显著特征

高职院校在培育工匠精神方面呈现出不同于普通教育的类型特征，通过对办学目标、学生特点、培育现状、存在问题、影响因素等进行系统分析，发现高职院校工匠精神培育具有以下三个显著特征。

一是高职院校工匠精神培育依赖专业教学尤其是校企合作。校企合作是高职教育的核心特征和重要载体，实训实习课占据总课程的"半壁江山"，学生在校学习的时间和精力大部分花在实训室或校企合作中，工匠精神贯穿"学校课堂教学、实训教学、顶岗实习、企业就业"四大环节，因此，校企合作为工匠精神实践和检验提供了真实场域。在实训课和企业实习中培育工匠精神、强化工匠精神教育，寻求课堂教学的发力途径和实施路径，为工匠精神培养提供了强有力的经验支撑和具有可操作性的培养策略。目前，高职院校在讲授工匠精神培育中存在"娘家的道理"与企业"婆家的道路"的差异，专业课程、实施教学过程中与企业、市场需求尚未完全融合，使得工匠精神培育传承实效打了折扣。

二是高职院校工匠精神培育与大思政课具有协同耦合特性。高职院校生源结构复杂，三年学制使学生在校学习时间较短，职业教育在一定程度上还存在重视技术实践、轻视人文社科的倾向，孤立地培养工匠精神在时间和效果上都会打折扣。高职院校的工匠精神培育需要与大思政课建立良好的合作关系，协同耦合推进才能事半功倍。目前，高职院校在培育工匠精神方面缺乏系统谋划和统筹推进，协同和耦合的顶层设计不够，碎片化和盲目性的问题比较突出，鲜有高职院校制定并实施培育工匠精神的高质量系统化培育方案。

三是校园文化环境营造和建设是高职院校培育工匠精神的有益补充。职业院校的校园文化往往具有校企融合特色，在潜移默化中，把创新意识、诚信观念、竞争意识、质量意识、效率意识、服务理念以及敬业创业精神等融入校风、教风、学风建设中，润物细无声地影响学生价值观的形成。良好的校园文化环境营造和建设，有利于宣传和弘扬工匠精神，有利

于学生对工匠精神产生认同感，有利于学生自觉地将工匠精神融入日常工作学习，入脑入心。

二、构建高职院校工匠精神核心要素理论模型

工匠精神核心要素的确定关系到后续的培养实践问题。根据调查研究和学校已有的实践，立足职业教育的类型、特征和高职学生思想、行为的特点，本文从马克思主义理论、习近平总书记关于工匠精神的重要论述、中华优秀传统文化三大维度研究新时代工匠精神的内涵，构建工匠精神核心素养理论模型，将工匠精神的素养类型划分为匠技、匠心、匠魂 3 类，每一类涵盖 6 个工匠精神核心要素，共计 18 个培养要素。

一是"匠技"类型的工匠精神核心要素。匠技是工匠之技，是长期积累起来的知识经验、方法原理、操作技能和手艺本领[2]，即培养学生从追求技能高超的维度，精炼匠技、精琢匠技，这是从技术层面对培育工匠精神的要求，包括精益求精、一丝不苟、苦练技艺、大胆实践、科学规范、安全生产。

二是"匠心"类型的工匠精神核心要素。匠心是工匠之心，是职业人的价值取向和职业态度，即培养学生从以改革创新为核心的时代精神的维度，锤炼品格，厚植匠心，这是从职业道德层面对培育工匠精神的要求，包括执着专注、追求卓越、诚实守信、无私奉献、自我超越、守正创新。

三是"匠魂"类型的工匠精神核心要素。匠魂是工匠之魂，是工匠精神的统领与根本、内涵和灵魂，即培养学生从以爱国主义为核心的民族精神的维度，铸造匠魂，筑牢匠魂，从德技双修层面对培育工匠精神的要求，包括爱党爱国、修身正己、尊师重道、团队合作、责任担当、分享传承。

三、推进"七位一体"工匠精神培育路径

基于高职院校工匠精神培育的核心特征，构建高职院校工匠精神核心要素理论模型，探索将匠技、匠心、匠魂培育融入高职学生工匠精神培育的具体路径。北京电子科技职业学院的实践[3]，形成了"七位一体"高职

院校工匠精神的培育路径，即 6 条工匠精神培育路径和一套标准评价机制（见图 1）。

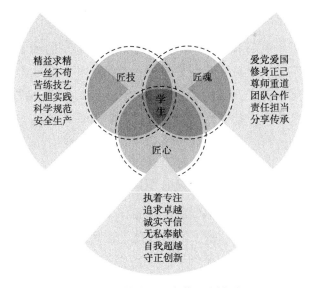

图 1　工匠精神核心素养理论模型图

一是课堂教学中渗透工匠精神。课堂教学是塑造"匠技、匠心、匠魂"的主渠道，将工匠精神贯穿人才培养和教学过程的始终，充分发挥不同课堂的作用，形成合力。将工匠精神培养归入专业教学体系，在新版课程体系人才培养方案中对工匠精神培养进行系统设计和布局，结合课程特点将每个工匠精神的核心要素与课程内容有机融合，培育"匠技"。将工匠精神培养融入课程思政教学体系，在课堂教学中开展"三金案例"教学设计评选活动，将工匠精神培养作为重要观测点，自然渗透工匠精神，培育"匠心"[4]。将工匠精神培养融入思政课程教学体系，在"思想道德与法治"课、"习近平新时代中国特色社会主义思想概论"课中，通过培育社会主义核心价值观、弘扬中国精神、领悟人生真谛、遵守道德规范等章节的讲授，培育"匠魂"。

二是以校企合作淬炼工匠精神。产教融合、校企合作提供的企业实训和顶岗实习环节是提升精湛高超"匠技"的关键一环，借助校企合作中对学生的培养，雕琢学生"精湛高超"的工匠技能。学校借助产城教融合平台，与企业联合组建"北京奔驰汽车制造工程师学院""AMECO 航空技术学院""百度 Apollo 智能网联汽车产业学院""久其软件数智产业学院"等产业学院，与经开区共建"亦城工匠学院""亦城工程师学院"等产城教融合平台载体，在校企合作订单和定向培养方案中明确要求将工匠精神的内涵分解为不同的目标点，以典型的案例故事嵌入课堂和实践教学环节，凝练总结企业工匠精神，将其作为学徒岗位培养以及"师带徒"工作的重要考核内容。

三是以技能大赛锻造工匠精神。技能竞赛是精炼"匠技"的显性途径和检验精益求精、追求卓越等工匠精神的核心要素。学校以各级各类技能比赛为平台勤练技能，创建"基本技能—综合技能—生产技能—创新实践能力"四级能力递进的实践育人体系，构建了"校级—市级—国家级"三级技能竞赛机制，结合技能大赛中用到的专业知识，培育学生学有所得、学以致用的理念以及对技术技能精益求精的追求；结合技能大赛备赛与参赛现场遇到的问题和困惑，培育学生执着追求、迎难而上的优良品质；结合技能大赛立意、制作、设计、优化中的问题以及分析、解决办法，培育学生勇于创新、大胆尝试的素养；在指导学生不断训练、精进技能的过程中，增强学生践行工匠精神的自觉性，领悟工匠精神的内涵及价值。

四是以大师教导传承工匠精神。大国工匠本身就是对工匠精神的最好诠释和最好榜样，以言传身教塑造"匠技、匠心、匠魂"。开展"工匠进校园""大师谈职教""北京市劳模工匠进校园"等活动传承工匠精神，建立与大国工匠的长期联系机制；邀请名誉校友和杰出校友、北京劳模、企业首席技师入校指导学生，讲述工匠故事、表达工匠情怀、展示工匠形象，把大师的敬业精神融入教育教学和学生的培养中，将活动与加强青年学生思想政治教育工作紧密结合起来，营造劳动光荣的校园氛围和精益求精的敬业风气。借助"大师工作室"建设平台，凝练大师所具备的工匠精神特质，并固化形成教学理念，在大师培养年轻教师的过程中，通过不断进行项目化训练，让年轻教师不断深入认识和内化自身素养，传承工匠精神，激励和引领全校广大师生砥砺奋进、恪尽职守、艰苦奋斗、勇争一流。

五是以人文教育涵养工匠精神。人文教育对塑造"匠技、匠心、匠魂"至关重要。学校通过建设工匠精神体验馆、"匠心湖",在楼宇装饰中体现工匠精神,在教学楼、实训楼教室内和学生途经之所融入工匠精神元素,打造沉浸式工匠文化育人阵地,形成学校工匠精神培育文化体系。学校结合高职学生的特点精心打造"职的系列"学生综合素质提升品牌,深入实施"新生引航工程"和"毕业启航工程",借助五一劳动节、五四青年节、十一国庆节等重大节点,对学生进行"爱党、爱国、爱校、爱职教、爱学习"的宣传教育。评比校长奖章、优良学风班和学习之星,表彰在专业学习、各类技能大赛中名列前茅的学生,树立典型榜样,让严谨笃学、一丝不苟成为学生积极追求的学习态度。

六是以"五型教师"示范弘扬工匠精神。教育者先受教育,培育工匠先培育工匠之师,匠师需有"匠技、匠心、匠魂",没有匠心育人胸怀的教师很难培育出能工巧匠、大国工匠。通过对教师开展师德师风专题培训,强化教师的工匠精神,促进教师引导和教育学生成长,成为学生成长的导师;严抓课堂教学质量,打造专业"金课",提升教师的专业教学能力;开展顶岗实习、下企业实践等活动,培养"双师型"教师,提升教师传承技能的水平,成为技能传承的工匠师;开展提质培优工程,培养改革创新精神和科创意识,让教师成为技术创新的工程师;开展科普活动和技能培训,提升教师服务社会的责任意识,成为服务社会的培训师。通过培育"学生成长的导师、学生成才的教师、技能传承的工匠师、技术创新的工程师、服务社会的培训师"五型教师,发挥教师的示范效能,从而潜移默化地影响学生。

七是以长效机制护航工匠精神。建立工匠精神培育的考核机制、评价机制和反馈机制闭环体系,以闭环且螺旋上升的长效机制护航工匠精神的培育,保障工匠精神培育过程有标准、评价有指标、问题反馈有渠道。工匠精神培育的考核机制是工匠精神核心要素在培育的各个环节定性和定量检查的标尺,对六条工匠精神培育路径的实施发挥具体的指导作用,是对实施主体、路径落实的考核。建立工匠精神培育评价机制是对工匠精神培育成效的客观评价和呈现,是检验六条工匠精神培育路径以及各个环节培育效果的指标体系,是对学生的评价。工匠精神培育评价机制主要从以工匠精神培育学生的角度进行检验和评价,多维度、动态显示学生所具备的工匠精神的状态，并以量化方式对学生具备的工匠精神要素和程度进行呈现，反映出存在的问题和不足。工匠精神培育反馈机制对工匠精神培育过程考核和评价中出现的问题和不足进行分析、查摆原因和及时反馈，是工匠精神培育过程动态化管理和增强实效性的重要措施，反馈问题与提出改进措施同时进行，使工匠精神培育过程形成闭环。

参考文献：

［1］习近平. 在庆祝"五一"国际劳动节暨表彰全国劳动模范和先进工作者大会上的讲话［M］. 北京：人民出版社，2015.

［2］祁古勇，任雪因. 扎根理论视域下工匠核心素养的理论模型与实践逻辑［J］. 教育研究，2018（3）.

［3］王玮. 立足高职特色培育工匠精神［N］. 中国教育报，2022-06-14（6）.

［4］张启鸿. 高职院校深入推进课程思政建设路径探究［J］. 中国职业技术教育，2022（5）.

基于 SECI 模型的现场工程师
工匠精神建构研究

张启鸿

摘　要： 工匠精神的生成涉及认知、情感和行为的获得，目前我国高职院校对学生工匠精神的培育主要限定在认知教育和情感教育，教育策略的哲学基础是行为主义教育理论，实际操作的教学方法是理念灌输，后果是学生对工匠精神的不理解、不接受、不践行。伴随国家现场工程师培养计划的实施，急需培养具有工匠精神的一线岗位群技能人才，本文探索以"干中学""知行合一"为主要特征的建构主义的工匠精神培育路径，以学生的学习行为为主体，把工匠精神的生成过程还原到工匠的成长过程。基于隐性知识和显性知识转换创造的 SECI 模型，把工匠精神的转化分为社会化、外在化、组合化和内在化四个维度，提出现场工程师在社会化的真实工作场景中主动构建工匠精神的策略，并给出项目化教学的支撑路径。

关键词： 现场工程师；工匠精神；SECI 模型；建构主义

工匠精神即执着专注、精益求精、一丝不苟、追求卓越[1]。目前，工匠精神已成为新时代构建新发展格局，实现中华民族伟大复兴的重要支撑。党的十八大以来，习近平总书记多次发表重要讲话和指示，要求社会各界大力弘扬工匠精神。2016 年，工匠精神被写入国务院的政府工作报告；2021 年，工匠精神被中宣部纳入中国共产党人的精神谱系[2]。党和政府为什么如此急切地呼唤工匠精神？其根本原因在于中国正在从制造大国

本文系北京高校思想政治工作研究课题"新时代高职院校培育工匠精神研究与实践"（课题编号：BJSZ2021ZD12）阶段性成果。

走向制造强国，从产业价值链的低端向价值链的高端转移，从资源禀赋优势走向创新制造优势。这一过程需要工匠精神的支撑[3]。工匠精神已经成为中国制造品质革命之魂，是提高产品质量和核心竞争力的重要精神力量[4]。弘扬工匠精神已经上升到推动经济社会高质量发展的国家战略层面，被摆在了经济社会发展和教育改革创新中更加突出的位置，并被写入"十四五"规划纲要以及《中国教育现代化 2035》《国家职业教育改革实施方案》《职业教育法》等重要文件中。

高职学生是我国未来能工巧匠、大国工匠的人才基础，调查数据表明，职业院校毕业生已经成为我国现代制造业产业大军的主力，职业院校毕业生在一线新增从业人员中的占比超过了 70%。伴随教育部办公厅等五部门颁布的《关于实施职业教育现场工程师专项培养计划》（教职成厅〔2022〕2 号）的实施，到 2025 年应培养 20 万现场工程师，覆盖到不少于500 所职业院校和 1 000 家企业。因此，如何在高职院校现场工程师人才培养过程中有机融入工匠精神，让工匠精神内化于心、外化于行，既是当前思想政治教育的关键问题，也是高职院校提质培优与"双高"建设的重要命题。鉴于调研发现我国多数高职院校是通过理念灌输的方式培养学生工匠精神的，这种工匠精神培育方式的教育效果比较差，因此我们探索以"干中学"为主要特征的建构主义的工匠精神培育路径，以经验萃取的方式让学生具有工匠精神。在学生的工匠精神建构过程中，我们特别借鉴了知识创造的 SECI 模型，并以此为框架展开理论构建和实践探索。

一、现场工程师工匠精神培育的价值内涵与路径选择

（一）工匠精神是现场工程师的核心素养

现场工程师是能够在生产、工程、管理、服务等一线岗位上，用科学技术创造性地解决技术应用问题，具有工匠精神，精操作、懂工艺、会管理、善协作、能创新的高素质复合型技术技能人才，包括研发现场辅助支持的研发支持工程师、生产现场秩序维持的产线运维工程师、服务现场问题解决的销售服务工程师等。从培养方式上看，是基于真实生产任务，采取工学交替、交互训教的方式，先到现场学习，然后再集中培训，再造关键现场工作情境，进行模拟训练，最后再到现场实际操作，实现教学过程

与工作过程的融合。工匠精神无论是制造业中低层次的蓝领工人和手工业者，还是从事高层次工作的白领和社会精英都应必备的职业素养，但是现场工程师岗位或者岗位群对工匠精神的要求更高，基于前期研究的工匠精神核心素养理论模型，其应具备的工匠精神涉及匠技、匠心、匠魂3类18个培养要素，即"匠技"涵盖的"精益求精、一丝不苟、苦练技艺、大胆实践、科学规范、安全生产"，"匠心"涵盖的"执着专注、追求卓越、诚实守信、无私奉献、自我超越、守正创新"，"匠魂"涵盖的"爱党爱国、修身正己、尊师重道、团队合作、责任担当、分享传承"。此外，拥有工匠精神还会驱动学生在工作之余不断学习新知识、新技能，保持对行业发展的关注，从而能够及时调整自身的发展方向，保持竞争力。这种不断学习进步的态度和精神能够使现场工程师在职场中始终保持活力和竞争力。

（二）高职学生工匠精神培育的既往经验

如何在高职学生心中筑牢根基，提升对工匠精神的价值认同，将工匠精神的培育贯穿于高职学习生涯是学界持续研究的焦点，当前研究提出多种路径。刘自团等人从社会学的角度提出，工匠精神的养成需要一系列外部制度支撑，包括构建正确的价值导向体系，倡导"劳动光荣""创造伟大"的社会风尚，提升工匠精神的社会荣耀感；构建合理的蓝领职业回报体制机制，增强工匠精神的社会获得感和薪酬回报；通过专业标准的规约与榜样人物的引领，实现工匠精神的社会化呈现；创新传统技艺的传承与保护机制，优化工匠精神的养成方式[5]。匡瑛提出，要转变过去那种以经济功利为导向的价值观，从人文角度关注技术的进步和人的整体性发展；培养学生的创新能力，推动习得性学习走向探究性学习；借助普职渗透和职业体验，搭建工匠精神的成长阶梯；构建社会支持体系，助力持之以恒、追求卓越品质之陶融[6]。李进提出，将工匠精神纳入校园文化建设的范畴，营造"劳动光荣""技能宝贵""创造伟大"的校园文化氛围；利用校企合作中的企业资源，让学生在工作岗位上体验工匠精神、实践工匠精神和养成工匠精神，使得专业的精神与专业的技术自然融合，成长为德技双修的受教育者[7]。李梦卿和任寰提出，通过加强课程设置、专业建设和推进产教融合等多渠道并举的途径，将工匠精神的培育融入职业教育的各个环节[8]。武雪洋提出，培养工匠精神要从营造社会氛围、构建校企联盟、以文化为载体、深化高校育人体系、提高学生参与实践活动的主动性等方面入手[9]。董雅华等提出，推动基础教育与高等教育有效衔接，实现大中小学培育一体化，延长高职学生工匠精神培育的链条，向前延伸到高中阶段，向后延续到企业实习阶段，实现课堂教育与实践教育有机结合，学校教育与社会教育有机融合，塑造良好的内外环境[10]。刘伟杰和王可月提出，以课程思政为基础将工匠精神培育融入各门课程，以实践为抓手融入日常思想政治教育，以教师为引领提高培育工匠精神的能力，以网络为载体拓展工匠精神培育的方法等工匠精神培育融入大学生思想政治教育的路径[11]。杨英提出，高职学生工匠精神的内化图式是通过教育与教化，促进高职学生认知、理解、认同工匠精神，并经过实践转化为自己的内在精神力量的一系列过程，包含认识理解、认同接受、形成信念三个阶段。培育高职学生工匠精神是一项系统工程，要以工学结合作为有效人才培养模式，发挥课堂教学的主要渠道作用，创新实训实习方式，提升校园文化育人功能，促进学生全面发展[12]。

（三）对现场工程师工匠精神生成过程和自我建构的反思

目前学界已有研究大多聚焦于探讨工匠精神的内涵结构、历史演化及价值意蕴，整体上表征为应然式的研究，这导致对工匠精神培育的深层逻辑和具体运作缺乏必要的解释力和指导力[13]。楚国清和王勇从学习理论的角度出发，把工匠精神的培育视为态度学习的过程，从态度结构角度来提升教学策略，提出现代学徒制下培育工匠精神的"六双"培育实施路径和保障机制[14]。林克松从烙印理论出发，提出培育工匠精神实质上是给学生留下工匠精神的印记并使印记发挥持续影响的过程。烙印理论主要用于解释特定阶段的环境特征如何对个体或组织产生影响，以及印记又如何持续影响个体和组织的行为[13]。这种研究试图从生物学的角度解释工匠态度习得的生物学机制，对于理解一种精神和态度的生发机制有一定的启发作用，但是这种理论过度强调了复杂情境因素对工匠精神印记的影响，具有明显的行为主义教育理论的特征。行为主义教育哲学认为，人是机器，受"刺激—反应"规律的制约，教学的过程就是教师要给学生提供足够多的刺激，在教与学的关系中，更强调教的主动性作用，忽视学生在学习方面的主动性，因此，行为主义的灌输教育往往导致学生对工匠精神的不认同、不理解、不践行，甚至是情感上的逆反。弗洛姆指出，工匠可以随意左右自己的行动。工匠可以从工作中学习，在劳动过程中使用并发展自己的能力及技能[16]。工匠的成长过程不仅仅是工匠能力、工匠技能的形成过程，同时也是工匠精神的生成过程，因此，工匠精神的培育必须以学生为中心，让学生在从生手成长为工匠的过程中去体会和自我建构工匠精神的意义，让学生在与工匠的交往中萃取工匠精神，通过内生外化的方式形成工匠精神。

二、SECI 模型的内涵及其特征

鉴于工匠精神的生成过程和自我建构特征与知识创造具有同构性，我们在工匠精神的建构中借鉴了 SECI 模型。SECI 模型是由野中郁次郎和竹内弘高于 1995 年在《创新求胜》一书中提出的一种知识创造模型，它解释了隐性知识和显性知识是如何转化为组织知识的。该理论首先延用波兰尼对知识形态的二分法，把知识分为隐性知识和显性知识，隐性知识指的是那些难以形式化、书面化或明确表达的知识，它通常存在于个人的经验、直觉和技能之中，隐性知识的重要性在于它通常是高度个人化的，具有很强的主观性和情境依赖性。这种知识往往是通过实践、体验和互动获得的，难以通过书面语言或符号准确表达。因此，隐性知识的传播和共享需要依靠人际交往和经验分享，这也是为什么在组织中建立良好的沟通和协作机制是非常重要的。另外，隐性知识也是创新的重要源泉，它可以激发新的想法和解决问题的能力，因此对于组织的创新能力至关重要。显性知识是可以被明确表达、记录和传播的知识，比如，书籍、文件、数据库等。显性知识的特点在于它可以被明确记录和传播，这使得显性知识更容易被组织所管理和利用，比如，通过建立知识库、制定标准操作流程等方式。显性知识的传播更加便捷和高效，可以通过书面语言、数字化媒体等方式进行，从而实现知识的广泛传播和共享。

SECI 模型认为，知识在三个层次上，即个人、小组和组织之间创造。任何一个人的成长都离不开社会的群体和集体的智慧。在家庭、学校、工作场所等不同的社会情境中，人们都会受到来自他人的影响和启发。家庭是人们成长的第一所学校，家庭成员之间的关系和互动会对个体的成长产生深远的影响。在学校中，学生不仅仅是在接受知识，更重要的是通过与老师和同学的交往，学习到如何与他人合作、沟通和解决问题。工作场所也是一个重要的社会情境，工作中的合作和交流能够促进个体的职业成长和知识创新。

SECI 模型认为，知识转化有四种基本模式——社会化（socialization）、外在化（externalization）、组合化（combination）和内在化（internalization），即从隐性知识到隐性知识（社会化），从隐性知识到显性知识（外在化），从显性知识到显性知识（组合化），以及从显性知识到隐性知识（内在化）。具体见图 1 所示。

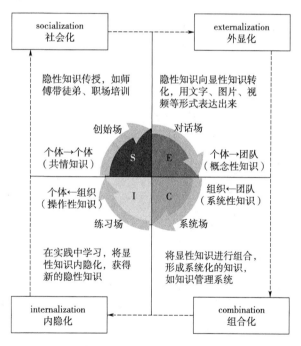

图 1 SECI 知识转换模型

社会化（隐性到隐性）是一个分享知识的过程，包括观察、模仿和通过学徒实践，产生共情知识。学徒与他们的老师或导师一起工作，通过模仿、观察和实践获取知识的。实际上，社会化是通过物理接近获取知识，其中直接交互是获取知识的一种支持方法。社会化来自与他人分享经验，也可以来自与客户的直接交互，也可以来自组织内部，只需与另一个部门或工作组交互即可，例如，与同事进行头脑风暴。隐性知识通过组织中的共同活动传递，例如，生活在相同的环境中。

外在化（隐性到显性）是使隐性知识显性化的过程，其中，知识被结晶化，产生概念性知识，因此能够被他人共享，成为新知识的基础。这包括发布或阐明知识，例如，概念、图像和书面文档可以支持这种交互。

组合化（显性到显性）是将零散的显性知识转化为体系化知识的过程，涉及对各种知识概念的整合和系统化，通过组合化，人们可以更好地理解知识之间的内在联系，从而更好地应用和传播这些知识。组合化知识是一个复杂而深刻的过程：首先，它需要对各种知识进行深入的分析和理解，找出它们之间的内在联系和逻辑结构；其次，它需要将这些零散的知识进行整合和梳理，形成一个相对完整的知识体系；最后，它需要对这个知识体系进行系统化的整合和总结，使之成为可以被广泛应用和传播的知识。

内隐化（显性到隐性）是知识内化的过程，显性知识成为个人知识的一部分，产生操作性知识。内隐化也是一个持续的个人和集体反思的过程，涉及个人对知识的接受和应用，包括边做边学，看到联系和识别模式的能力，以及理解领域、想法和概念之间意义的能力。内隐化之后，这个过程在一个新的水平上继续进行。

三、基于 SECI 模型的现场工程师工匠精神的建构策略

鉴于现场工程师工匠精神的生成建构需要在技能实训等实践教学环节中建立模拟工作场景，实现课堂与岗位的无缝对接，才能使学生在接近真实的职业情境中充分理解工匠精神所蕴含的敬业、精业和创新精神，这与知识创造的 SECI 模型具有相通之处，四种知识转化模式对应的场（ba）分别为：创始场、对话场、整合场和练习场，工匠精神从个人到团体、到组织甚至跨组织之间的生成过程也同样需要相应的"场"存在，因此，应沿着社会化（创始场）、外在化（对话场）、组合化（系统场）、内在化（练习场）这四个环节，提炼现场工程师工匠精神的建构策略。

（一）工匠精神社会化过程：从学生到工匠的身份转化

现场工程师岗位是生产一线，依托校企合作开发现场工程师仿真实训平台或企业顶岗实习与具体的职业场景相关联时，学生的身份将转换为工匠身份，形成工匠精神培育环境，学生能更真切地体会到工匠精神的内涵与价值。学生到工匠的身份转化，可以从现场工程师培育中确定学生为学徒身份切入。学徒身份是形成工匠精神的必要前提，学徒身份一直被视为是成为一名优秀工匠的必要阶段。学徒期间，年轻的学徒通过跟随师傅学习技艺和技能，逐渐形成了工匠精神，这种精神包括对工作的热爱、对细节的关注和对质量的追求。首先，学徒身份培养了学徒对工作的热爱和热情。在学徒期间，学徒会全身心地投入到学习和实践中，他们会不厌其烦地反复练习，不断追求更高的技艺水平，这种对工作的热爱和热情，是形成工匠精神的重要因素之一，只有对工作充满热情的人，才能够在工作中追求卓越，不断提高自己的技能。其次，学徒身份培养了学徒对细节的关注和重视。在学徒期间，学徒会从师傅那里学到许多工艺细节和技术要领，他们会学会如何在制作产品的过程中注重每一个细节，确保产品的质量和精度。这种对细节的关注和重视，是工匠精神的又一重要组成部分，只有注重细节的人，才能够制作出精美的产品，赢得客户的信任和赞誉。最后，学徒身份培养了学徒对质量的追求和坚持。在学徒期间，学徒会学到工匠精神中最为重要的一点，那就是对质量的追求和坚持。无论是在制作产品的过程中，还是在对待工作的态度上，学徒都会被教导要追求卓越，要追求最高的质量标准，只有对质量有着坚定的追求和坚持的人，才能够成为一名真正的工匠，制作出令人满意的产品。

在师徒关系中，师傅不仅仅传授知识和技能，更重要的是通过互动过程将自己的隐性知识转换成学徒的隐性知识。这种知识的转移不仅仅是简单的传授，而是通过言传身教和潜移默化的方式，使学徒能够在实践中逐渐领悟和掌握知识和技能。首先，师傅在与学徒的互动过程中，通过言传身教的方式将自己的经验和技能传授给学徒。师傅会借助言语和示范，向学徒传授具体的操作技巧和知识要点。通过这种方式，学徒能够直接接触到师傅的知识和技能，从而逐渐将师傅的隐性知识转化为自己的隐性知识。其次，师傅还会通过潜移默化的方式影响学徒，使其在日常实践中逐渐领悟和掌握隐性知识。在师徒互动的过程中，师傅会不断强调和引导学徒注意细节和技巧，培养学徒的观察力和思考能力。同时，师傅会借助实际案例和故事，向学徒传达自己的价值观和工作态度，引导学徒在实践中逐渐领悟和内化这些隐性知识。除此之外，师傅还会通过与学徒的互动和交流，根据学徒的理解能力和学习进度，调整教学内容和方式，不断调整和完善自己的教学方法，使其更加贴近学徒的实际需求和学习特点，使学徒能够更好地接受和理解师傅的隐性知识，从而将其转化为自己的隐性知识。

正是在这种潜移默化的学习过程中学生可以体会到工匠精神的真正内涵和价值，这个阶段的工匠精神具有明显的个体化色彩，因为工匠精神是通过师傅的个人技能和行为特点体现出来的，体现的是师傅个人的行为特色和精神状态。受个人禀赋的影响，学生在这个阶段学习的工匠精神也是片面的，会体现学生的个人特色。

（二）工匠精神的外显化过程：从个体知识到团队知识的显性化转变

在社会化过程中，学生学到的工匠精神是基于个人经验、直觉和非正式的学习所形成的，因此往往难以被他人理解和分享。相比之下，显性工匠精神则是可以被书面或口头表达出来的。隐性工匠精神转换成显性工匠精神的过程是一个复杂而多样化的过程，它涉及个人和组织两个层面。首先，在个人层面上，隐性工匠精神转换成显性工匠精神需要个体对自己的工匠精神进行反思和总结，然后将其转化为可以被他人理解和接受的形式。这可能涉及写作、演讲、教学等多种方式，而这些方式都需要个体具备一定的表达能力和沟通技巧。其次，在组织层面上，隐性工匠精神转换成显性工匠精神需要组织提供相应的平台和机制，以便员工分享和交流自己的工匠精神。这可能包括内部培训、工匠精神库建设、团队合作等多种形式，而这些形式都需要组织具备一定的学习和创新氛围。

工匠精神外显化的过程，要鼓励学徒通过汇报、口头交流、书面总结等形式表达对工匠精神的理解。汇报是一种直接有效的方式，可以激发学徒对工匠精神的理解和认同。通过表达，学徒可以分享自己对工匠精神的理解和体会，同时也可以听取他人的见解和经验。这种互动和交流可以帮助学徒更加深入地理解工匠精神的内涵，激发他们对工作的热情和动力。

口头交流是日常工作中常见的形式，也是鼓励学徒表达对工匠精神理解的重要途径。在工作中，学徒可以与师傅、同事进行交流，分享彼此对工匠精神的理解和体会。通过交流，学徒可以不断地汲取他人的经验和智慧，不断完善自己对工匠精神的认识，从而提升自己的工作水平。书面表达可以帮助学徒更加深入地思考和理解工匠精神。通过书面表达，学徒可以将自己的理解和体会进行系统化整理，从而更加清晰地表达出来。同时，书面表达也可以帮助学徒培养扎实的文字表达能力，提升自己的沟通和表达能力。

通过师傅和学徒的共享经验，团队可以萃取显性的工匠精神，这将成为团队共享的精神财富。经验萃取是一种非常重要的学习和发展方法，它可以帮助个人和组织从过去的经验中获取有价值的教训，并将这些教训应用到未来的决策和行动中。经验萃取的本质是将学徒和师傅内在的、外在的，甚至是连他们自己也不知道的经验和心路历程梳理出来，从学徒和师傅的知识、经验、案例描述中，提炼出一套系统的做事逻辑模型。这主要是萃取学徒和师傅未经过系统思考的经验，这些经验是学徒和师傅在某一个场景中能够游刃有余地处理问题的方法、思路和经验。经验萃取的步骤包括重现情景、追溯系统、提炼方法和转化落地。重现情景是第一步，需要梳理和回忆特定情境下的最佳实践和典型失败案例。追溯系统则是通过一系列有效的方法，对特定情境中的表现进行分析和总结，通过结构和重构，得出一套易学、易记、易模仿和掌握、易操作的标准化模式，以达到对表现的有效复制、反省和传承。提炼方法是将相关的方法提炼成一些关键词、口诀、顺口溜，还可以构建相关的理论模型或做相关的工具表单。最后一步是转化落地，将相关的方法变成一些可以落地的工具，如话术表单、追踪表、流程图等。通过上述经验萃取，可以将隐性的、个人化的工匠精神体验转化成显性的、集体的工匠精神，形成师徒共同的经验成果。

（三）工匠精神的组合化：从团队知识到组织知识

企业的生产车间是一个宏大的组织，是由众多的师徒团队构成的，每个师徒团队的工匠精神都要得到进一步升华。师傅在工作过程中体现出的工匠精神是具象的，通过潜移默化的教育，这种工匠精神转换成学徒的具象化的工匠精神。师徒的交流是对具象的工匠精神的一种抽象，虽然师傅与学生形成了共享的、显性化的工匠精神，但是其还处于一种具体的状态，这种具体的工匠精神需要进一步的组合，在更大范围内形成系统性的工匠精神体系。组合的最重要作用，在于把师徒的知识变成组织化的知识，把散乱的知识变成系统的知识。这个过程就是把零散的工匠精神变成企业文化的过程。

要把散乱的团队知识变成系统的组织知识，需要进行分类和整理。这意味着需要将零散的知识按照一定的标准进行分类，然后进行整理和归纳，通过分类和整理，可以将散乱的知识变得更加有条理，更容易理解和应用。此外，要把散乱的知识变成系统的知识，需要进行深入的学习和思考，深入学习可以帮助学生更好地理解知识的内在逻辑和关联，建立起对知识的深刻理解和洞察，帮助学生对知识进行逻辑推理和思维拓展，从而形成系统的知识结构、知识体系、知识框架。要把散乱的知识变成系统的知识，还需要进行实践和应用。只有在实践和应用中，才能真正地检验和完善知识体系，发现知识体系中的不足和漏洞，进而进行修正和完善，从而形成更加系统和完善的知识体系。

组织需要树立工匠精神的理念，要向学生传达工匠精神的重要性，并将其视为组织文化的核心价值。通过组织培训、内部沟通和激励机制等手段，让学生了解工匠精神的内涵和意义。建立相应的制度和流程支持工匠精神，包括优化生产流程、提高产品质量、加强质量管理、鼓励学生创新等方面。只有通过制度和流程的支持，才能让工匠精神真正融入组织的日常运营中，成为组织文化的一部分。需要营造一种尊重和鼓励工匠精神的文化氛围，这意味着组织需要给予学生足够的自由度和空间，让他们有机会发挥自己的创造力和专业技能。同时，组织也需要建立起一套奖惩机制，激励学生发扬工匠精神，同时对那些不尊重工匠精神的行为进行惩罚。组织要把零散的工匠精神变成组织文化，需要树立理念、建立制度、借鉴传统、营造氛围等。只有通过全方位的策略和措施，才能真正实现工匠精神与组织文化的融合，从而提升组织的核心竞争力和持续发展能力。

（四）工匠精神的内隐化："干中学"与工匠精神的螺旋提升

"干中学""学中干"的教育理念即工作学习化，学习工作化，通过工作实践获取操作性知识。传统的教育体系通常注重理论知识的传授，但在工作中学习，可以将理论知识经过行动实践内化为自己的经验技能，并拓宽、延伸和重构自己的隐性知识。通过在工作中积累经验，一个人可以更好地理解和应用所学的知识，提高自己的技能水平。学生通过校内专业实训或企业顶岗实习等实际的工作岗位践行工匠精神，将工匠精神变成自身的隐性知识，并结合自己的工作经验提升隐性的工匠精神。企业顶岗实习是学生将所学知识转化为实际能力的关键阶段，在实习中，学生需要将所学的理论知识与实际工作结合起来，这就需要他们具备工匠精神中的专注和精湛技艺。只有全神贯注地投入工作中，才能不断提高自己的技能水平，从而更好地适应未来的职业发展。顶岗实习也是学生锻炼意志品质和培养职业素养的过程，在实习中，学生可能会面临各种各样的困难和挑战，这就需要他们具备工匠精神中的坚韧不拔和不畏艰辛的品质，只有在面对困难时不气馁，不轻言放弃，才能够取得最终的成功。同时，实习也需要学生具备良好的职业素养，包括对工作的热爱和对待工作的认真态度，这些都是工匠精神的具体体现。

四、场域的建构：现场工程师工匠精神生成的"现场"

前文已经分析了现场工程师工匠精神建构的经验萃取过程，但是一个重要的前提条件是不容忽视的：现场工程师工匠精神建构是在现场完成的，脱离了工作现场，工匠精神的培育就成了无源之水，无本之木。工作现场不仅仅是一个工作环境和工作条件，还包含了工作中的人际关系和工作关系，因此确切来说工作现场是一种场域。前文讲过，知识转化的社会化过程是在创始场完成的，外在化过程是在对话场完成的，组合化过程是在系统场完成的，内在化过程是在练习场完成的。因此，要想建构现场工程师工匠精神，就必须首先搭建相应的场域。

（一）创始场的构建：现代学徒制师徒关系的生成

创始场是现场工程师工匠精神建构的起点，是师傅与徒弟分享感觉、情绪、经验与心智模型的场所，是隐性知识向隐性知识转化的社会化过程。在这个过程中，师傅与徒弟之间的关怀、爱心、信任与承诺，对隐性知识的言传身教是十分重要的。现代学徒制中师徒关系的建立是一个组织难题，因为师傅与徒弟都是企业雇员，师傅与徒弟之间存在着竞争关系，都希望在自己的职业生涯中取得成功，获得更高的地位和报酬，存在着"教会徒弟，饿死师傅"的可能性，因此师傅没有动力去调教徒弟；但是在创始场中，没有师傅的言传身教，徒弟是很难学到师傅的隐性知识的。解决难题的思路是为师傅培训徒弟提供激励机制，比如，建立工匠师傅的认证制度，只有通过认证的师傅才有资格培训徒弟。资格认证可以增强师傅的社会荣誉感，激励师傅更好地培训学徒。此外，可以为师傅提供经济补偿机制，为师傅提供学徒培训津贴或者为师傅提供优先升职加薪的机会。还可以建立统一的学徒培训标准和考核制度，如果学徒培训效果不好，师傅就可能被取消资格。

（二）对话场的构建：发挥教师的理论抽象作用

SECI 模型中的对话场表现为群体或部门间的理性经验总结和交流，对话场是知识的显性阶段，也是知识从隐性到显性的转化过程。在这个阶段，个体之间的感性互动产生的隐性工匠精神通过对话、讨论和交流等形式转化为显性工匠精神，从而能够被整个群体所共享和学习。在对话场中，成员之间的互动和交流是关键。他们通过提问、分享经验、提供反馈和共同探讨等方式，将个体的隐性知识转化为组织共享的显性知识。这种转化过程不仅有助于工匠精神的传播和应用，还有助于提高组织的创新能力和应变能力。

为了促进对话场的成功，组织需要营造一个开放、包容和激励创新的氛围。这可以通过建立信任、鼓励合作和提供必要的资源和支持等方式实现。同时，组织还需要建立有效的沟通渠道和知识管理系统，以便更好地收集、整理和传播显性知识，促进知识的共享和创新。在这个场域中，理论教师可以发挥积极的作用。理论教师作为专业人士，能够根据自身的知识和经验，引导对话的方向，使讨论得以深入，帮助参与者在讨论中更好地理解和应用相关理论，通过提问、引导讨论等方式，促进参与者深入反思，培养他们的批判性思维，通过调解，帮助参与者理性地处理分歧，推动对话的进行，为参与者的观点和讨论提供反馈和指导，帮助他们更好地表达自己的想法，提高对话的质量。

（三）系统场：跨区域轮岗学习的必然

系统场是显性知识交叉融合被整合为新的概念并通过组织内部的系统和程序进行传播和共享的场所。在系统场中，组织成员可以通过各种方式（如文档、手册、指南等）获取和传播显性知识。系统场要实现已有知识的组合并产生新的工匠精神内涵，因此工匠精神的多源性是组合的前提。轮岗学习让工程师通过实际操作和经验积累不断提升自己的技能和知识。通过轮岗学习，工程师可以更好地理解现场实际工作的复杂性和挑战，从而更好地应对各种情况并提出创新解决方案。在不同岗位之间轮岗学习可以让团队成员更好地了解彼此的工作内容和职责，增进彼此之间的理解和信任，从而更好地协作完成各项任务。这种团队协作精神对于工匠精神的完善和升华具有重要意义。

（四）练习场：项目化学习是工匠精神内化的必要条件

练习场对应的是知识的内在化阶段，组织成员通过实践和反复练习吸收和内化新的知识，从而将其转化为自己的隐性知识。组织可以通过内部培训课程、提供导师制度和鼓励员工参与实践项目等方式促进内化。通过内化，组织可以使外部知识得到有效地吸收和运用，从而提高组织的创新能力和竞争力。项目化学习可以提供实际的工程项目让学员进行学习和实践。通过参与项目，学员可以亲身体验到工程领域中的挑战和机遇，从而培养出对工作的热情和责任感。在项目中，学员需要不断地解决问题和改进方案，这可以锻炼他们的创新能力和解决问题的能力。这样的学习方式可以让工程师更加深入地理解工程领域的本质，并且更加注重实际工作中的细节和质量。只有通过实际项目的学习和实践，才能真正地将外部知识内化为自己的工作习惯。

五、结论

工匠精神是个体的一种隐性知识，在当前的职业教育中隐性的工匠精神显性化了，变成了可以传递和课堂教学的显性知识，这是一种理性主义的教学方法。这种方法传授的知识是高度抽象的、冰冷的，脱离了工匠精神的生成情景，让学生之间陌生和疏离，其结果是对工匠精神的不理解、不接受和不践行。基于此，本文尝试构建一种基于经验主义的工匠精神建构策略，让学生亲身参与工匠精神生成的过程，在操作的过程中，借鉴了SECI模型，把工匠师傅自身的工匠精神转变成学徒的自身体验，再通过师徒经验的萃取形成团队共享的显性知识，进一步通过对各种团队显性知识的组合，形成系统性的、组织化的工匠精神知识系统，最后将系统的组织再内化成学生的隐性知识。这种建构主义学习强调学习者通过自己的经验和思考建构知识，它能够激发学生的学习兴趣，提高他们的学习效果，并培养他们的创造力和批判性思维能力。通过学生对工匠精神的建构，工匠精神培育的实际效果将会极大提升，转化成高职学生的进取精神，为国家培养更多的大国工匠和能工巧匠。

参考文献

［1］习近平．在全国劳动模范和先进工作者表彰大会上的讲话［N］．人民日报，2020-11-25．

［2］王晓东，杨润丛．习近平总书记强调的工匠精神［N］．学习时报，2023-12-05．

［3］叶美兰，陈桂香．工匠精神的当代价值意蕴及其实现路径的选择［J］．高教探索，2016（10）：27-31．

［4］肖群忠，刘永春．工匠精神及其当代价值［J］．湖南社会科学，2015（6）：6-10．

［5］刘自团，李齐，尤伟．工匠精神的要素谱系、生成逻辑与培育路径［J］．东南学术，2020（4）：80-87．

［6］匡瑛．智能化背景下工匠精神的时代意涵与培育路径［J］．教育发展研究，2018，38（1）：39-45．

［7］李进．工匠精神的当代价值及培育路径研究［J］．中国职业技术教育，2016（27）：27-30．

［8］李梦卿，任寰．技能型人才工匠精神培养：诉求、价值与路径［J］．教育发展研究，2016，36（11）：66-71．

［9］武雪洋．理工科大学生工匠精神的培育路径研究［D］．太原：中北大学，2020．

［10］董雅华，蒋楚楚，刘铁英，等．工匠精神的当代价值及其实现路径［J］．现代教育管理，2020（3）：85-90．

［11］刘伟杰，王可月．工匠精神培育融入大学生思想政治教育的价值与路径研究［J］．思想政治教育研究，2019，35（2）：94-97．

［12］杨英．高职学生工匠精神的价值意蕴、内化图式及实现路径［J］．学校党建与思想教育，2017（22）：43-44，49．

［13］林克松．职业院校培育学生工匠精神的机制与路径：烙印理论的视角［J］．河北师范大学学报（教育科学版），2018，20（3）：70-75.

［14］楚国清，王勇．现代学徒制中工匠精神的态度学习内涵与思政策略［J］．北京联合大学学报，2022，36（1）：1-6.

［15］（美）弗洛姆．健全的社会［M］．孙恺详，译．贵阳：贵州人民出版社，1994：71.